LE BRÉSIL.

DE L'IMPRIMERIE DE PILLET AÎNÉ.

LE BRÉSIL,

ou

HISTOIRE, MŒURS,

USAGES ET COUTUMES

DES HABITANS DE CE ROYAUME;

PAR M. HIPPOLYTE TAUNAY,
Correspondant du Muséum d'histoire naturelle de Paris,

ET M. FERDINAND DENIS,
Membre de l'Athénée des sciences, lettres et arts de Paris.

Ouvrage orné de nombreuses gravures d'après les dessins faits dans le pays par M. H. Taunay.

TOME TROISIÈME.

PARIS,

NEPVEU, PASSAGE DES PANORAMAS, N° 26.

1822.

LE BRÉSIL.

CHAPITRE XIII.

Minas Geraës, Minas Novas, et le district diamantin.

Nous allons maintenant faire connaître la province que l'on est accoutumé à regarder en Europe comme la source de toutes les richesses du Portugal, et qui mériterait bien davantage la réputation dont elle jouit, si ses habitans s'occupaient moins du lavage des sables aurifères, pour se livrer tout entiers à l'agriculture, dans un pays que la nature semble avoir choisi pour l'embellir de toutes les productions.

L'or et les diamans s'épuisent à la longue; il est impossible que la terre offre de nouveau les trésors qui lui ont été enlevés depuis deux siècles, mais elle ne se lasse jamais de porter des moissons, de nourrir des bestiaux, et de récompenser enfin le zèle de ceux qui la cultivent.

L'espoir d'une fortune rapide doit nécessairement séduire un grand nombre d'habitans qui s'occupent à la recherche des métaux précieux: souvent trompés, toute leur vie ils languissent dans une triste médiocrité au milieu des richesses cachées qui les environnent; mais leur exemple ne serait probablement point perdu, si des encouragemens étaient offerts à l'agriculture, qui ne tarderait pas à être préférée par le plus grand nombre.

Cette riche contrée, créée en province vers l'année 1720, formait auparavant une portion de celle de Saint-Paul : au nord elle confine avec les capitaineries de Bahia et de Pernambuco ; au sud la chaîne des Mantiqueiras la sépare de Saint-Paul, et trois fleuves forment ses limites avec le district de Rio-Janeiro ; au couchant elle se trouve bornée par Goyazès, et au levant par Espiritu Santo, Porto Seguro et une portion de Bahia.

On lui donne cent douze lieues de longueur du nord au sud, et quatre-vingts de largeur de l'est à l'ouest ; et tout ce territoire est divisé en quatre comarcas, connues sous le nom de Villa-Rica, Rio-das-Mortes, Serro do Frio et Sabara; elles sont toutes peuplées et possèdent un assez grand nombre de villes et de bourgs, dont nous visiterons les plus importans. Les habitans jouissent en général d'un climat tempéré, qui même devient froid vers la partie méridionale, où il n'est pas sans exemple de voir aux mois de juin ou de juillet l'eau se geler dans des vases exposés à l'air pendant la nuit.

Aucune capitainerie n'est arrosée par un aussi grand nombre de rivières, qui presque toutes ont leurs sources dans les Mantiqueiras, et viennent apporter le tribut de leurs eaux à quatre fleuves principaux, qui semblent se diriger de manière à traverser un nombre égal de districts, pour porter jusqu'à l'Océan les produits destinés à l'exportation. Le rio Doce arrose la comarca de Villa-Rica ; le Jiquitinonha fertilise le Serro do Frio, après l'avoir enrichi de ses diamans ; le San-Francisco coule majestueusement à travers le Sabara, et le rio Grande offre une route à ceux qui veulent se rendre dans le pays de San-Juan d'el Rey, plus connu sous celui de Rio-das-Mortes.

La chaîne des Mantiqueiras, qui prend naissance dans la partie septentrionale de Saint Paul, court d'abord au nord-est, et se dirige ensuite vers le nord jusqu'à l'extrémité de la province, renferme sans doute de bien grandes richesses, puisque la plupart des torrens qui en descendent entraînent des sables aurifères où roulent des diamans uniquement réservés à la couronne de Portugal; on y trouve aussi tous les métaux précieux ou utiles, tels que le platine, l'argent, le cuivre, le fer, l'étain, le plomb et le mercure. Le granit présente des matériaux excellens pour l'élévation des édifices, et le jaspe noir veiné de blanc pourrait servir à leur ornement. L'ardoise, le charbon de terre, ne sont pas des matières moins précieuses. On sait qu'elles existent, mais probablement on ignore en quelle quantité, et jusqu'à présent presque tous les habitans se sont beaucoup plus occupés de la recherche des rubis, des émeraudes, des saphirs, des chrysolithes et des topazes, qui ne servent qu'au luxe des cours, sans beaucoup enrichir la contrée d'où elles sortent.

Ce beau pays fut découvert par un homme qui n'écouta que son courage, à une époque où les indigènes étaient les maîtres absolus de l'intérieur. Sébastian Fernandez Tourinho, habitant de Porto Seguro, remonta le Rio Doce en 1573, et traversa jusqu'au Jiquitinonha par lequel il redescendit : il indiqua le premier à une foule de voyageurs la route qu'ils devaient suivre.

Ce ne fut cependant qu'au bout d'un temps assez éloigné, que l'on s'aperçut de la quantité d'or qui existait, et que les Paulistes ainsi que les Européens arrivèrent en grand nombre dans cette nouvelle province, où la discorde enfanta de longues guerres civiles, qui ne furent apaisées qu'en 1710 par Antonio d'Albuquerque Coelho, général de Saint-Paul.

Dom Lourenço d'Almeyda, fut nommé le premier gouverneur de la capitainerie, en 1720, et il la trouva dès cette époque divisée en quatre districts, dont la population s'est beaucoup accrue, et a fait, depuis quelques années surtout, de grands progrès dans les différens arts de l'Europe. On peut se rendre à Minas par plusieurs routes différentes ; mais la plus courte et la plus fréquentée est celle qui conduit de Rio-Janeiro à Villa-Rica, capitale de toute la province : elle peut avoir environ deux cents lieues d'étendue, et de nombreuses caravanes de mules, chargées de différentes marchandises la parcourent continuellement. Le voyageur peut y trouver quelques auberges privées à la vérité de toute espèce de commodités, mais où du moins il peut se reposer de ses fatigues et se mettre à l'abri des injures du tems, chose souvent impossible sur les autres chemins. Il faut en général ne point oublier de se munir, pour un semblable trajet, de matelas, de couvertures ou de hamacs, d'une provision de sel, de sucre, d'eau-de-vie et de savon; quelques chandelles, une marmite, un vase à boire, un parasol, sont également des objets indispensables, et peuvent être facilement transportés sur deux mulets. Il est inutile de dire que l'on doit fréquemment à son fusil une augmentation aux mauvais repas que l'on fait presque toujours dans un endroit aussi peu habité.

Il est impossible pour un étranger d'entreprendre un semblable voyage sans la permission du gouvernement: des postes, placés de distance en distance, dont les officiers sont en droit d'exiger vos papiers, vous obligent à rétrograder s'ils ne sont pas en règle. Ces passeports, qui depuis quelques années s'obtenaient facilement, ne sont plus accordés qu'avec de nombreuses difficultés, et même ne permettent point d'entrer dans le *distrtct diamantin*, où quelques personnes avaient pénétré auparavant.

Pour se rendre à Villa-Rica, on profite ordinairement du retour d'une caravane, qui, après avoir apporté des cuirs, des tissus de coton, des cotons en laine, des fruits, des confitures, des fromages, du porc salé, du tabac et du salpêtre, retourne de la capitale chargée de vins, d'étoffe, de quincaillerie et d'autres marchandises de l'Europe. Elle se compose quelquefois de cent à cent cinquante bêtes de somme, divisées en troupe de sept à huit, et confiées à la direction de certains conducteurs appelés *tropeiros*. Depuis long-temps on ne craint plus les attaques des sauvages, et ils ne se font même jamais voir sur cette route où l'on peut voyager avec la plus grande sécurité.

Il est à remarquer que si l'on peut obtenir des ordres précis du gouvernement, comme il en a été accordé à quelques naturalistes, on est en droit d'exiger des relais de mulets de toutes les personnes qui demeurent le long de la route ou des environs, moyennant un prix convenu à l'amiable.

Après avoir traversé pendant quinze ou vingt jours des forêts magnifiques, des campagnes attestant la fertilité du sol, et cependant mal cultivées ; après avoir été quelquefois obligé de franchir des montagnes pittoresques, où le minéralogiste peut faire de nombreuses observations, on arrive à une demi-journée de Villa-Rica, et l'on peut visiter une mine de topazes, qui y est exploitée depuis long-tems. Avant que d'y parvenir, les montagnes, dont le pays est parsemé, offrent un singulier aspect ; et de nombreuses crevasses, présentant des masses couchées dans toutes les directions, peuvent faire croire dans l'éloignement que l'on aperçoit des monceaux confus de ruines d'architecture. Un peu plus loin, près d'un endroit appélé Capou, il y a un endroit si abondant en riche minerai de fer, qu'on pouvait ramasser, dit M. Mawe, des tonneaux de ce qui était répandu à sa surface.

Les topazes se trouvent entre deux crevasses, dont l'une peut avoir deux acres; elles sont assez abondantes, mais, à ce qu'il paraît, d'une qualité inférieure, et se détachent, au moyen d'un instrument de fer, de certaines veines contenant une substance micacée, très-tenue, du quartz et de grands cristaux de fer spéculaire.

Villa-Rica n'offre point, comme le

pourrait faire croire son nom, un aspect imposant ; elle est située sur une éminence escarpée, et ses environs offrent à peine quelques vestiges de culture. En y entrant, on est surpris de voir les rues bâties sur la pente d'une grande montagne, rangées en quelque sorte par étages, depuis la base jusqu'au sommet, et communiquant entre elles par d'autres qui les traversent dans le sens opposé. Les maisons ne sont pas mal bâties, quoiqu'assez irrégulières, et attiennent quelquefois à des jardins qui offrent un spectacle extraordinaire. Construits en terrasse, et soutenus par des murs peu élevés, on monte de l'un à l'autre par des escaliers, et l'on y trouve les plus belles fleurs plantées avec goût dans des carrés séparés du potager, où l'Européen revoit avec surprise une foule de légumes délicieux, tels que les artichauts, les asperges, les épinards, les choux et les pommes de terre. Le pêcher y étale aussi ses rameaux chargés de fruits à côté d'autres arbres des pays tempérés. Une foule de fontaines, construites solidement, fournissent de l'eau en abondance, et contribuent beaucoup à la réussite de ces différentes cultures.

Peut-être n'existe-t-il pas dans toute l'Amérique du sud un climat plus délicieux ; on peut le comparer à celui de Naples, et l'on ne voit jamais le thermomètre s'élever à l'ombre dans cette ville au dessus de 22° ou descendre au dessous de 7°.

Les boutiques sont en général peu

nombreuses ; on trouve cependant des cordonniers, des tailleurs, des potiers d'étain, des quincailliers, des forgerons et surtout des selliers assez habiles ; mais il est défendu aux orfèvres de s'y établir, pour empêcher que l'or ne soit employé sans être précédemment essayé ou contrôlé ; en sorte que les différens bijoux en usage parmi les habitans viennent ordinairement de rio-Janeiro.

Villa-Rica est singulièrement déchue de son ancienne splendeur, et cela tient probablement à la diminution de l'or dans son district ; elle peut contenir deux mille maisons, dont un nombre considérable n'est pas loué, et qui se vendent à peu près pour rien : sa population est évaluée à environ vingt mille habitans, et se compose d'un plus grand nombre de blancs que d'hommes de couleur.

C'est cependant à ces derniers que les différens genres d'industrie sont réservés ; les propriétaires qui ont un léger revenu passent leur vie dans une entière oisiveté, et n'ont certainement point hérité du génie entreprenant de leurs pères.

M. d'Echwege, directeur-général de toutes les mines d'or de la capitainerie de Minas-Geraës, nous a donné, dans son journal du Brésil, des détails trop importans sur les habitans de toute la province, pour que nous ne nous empressions point de les mettre à profit en en faisant un extrait rapide.

Après avoir fait le plus grand éloge des officiers civils et militaires, du ton de bonne compagnie que l'on voit régner dans leur société, et en général de l'instruction qu'ils ont reçue, l'auteur du journal brésilien indique les divisions formées par les différentes occupations qu'ont adoptées les habitans de la capitainerie.

La première classe se compose de ceux qui font exploiter les mines après avoir obtenu une licence ou *carta da data* (lettre de date) du gouvernement; ils prennent le nom de *mineiros*, et jouissent d'une grande considération si l'aveugle fortune les a favorisés dans leurs recherches.

La seconde est formée par les habitans de la campagne ou les agriculteurs, que l'on appelle *roceiros;* ils se subdivisent à l'infini, selon la quantité d'esclaves qu'ils peuvent posséder ; leur éducation est en général fort négligée ; ils manquent totalement de savoir-vivre. M. d'Echwege assure même que, pour indiquer un homme grossier, on se sert de l'expression *he de roça* (c'est un homme des champs) ; et il continue en disant : « L'agriculteur ne s'occupant pas de rendre la terre féconde par des procédés quelconques, ne la fumant pas, n'élevant pas de bestiaux à cet effet, se bornant à cultiver les deux principales plantes nourricières, le maïs et les haricots, un peu de riz et quelques cannes à sucre, on conçoit que la curiosité d'un voyageur est satisfaite en peu de tems sur ce qui concerne la culture. »

Le troisième ordre d'habitans comprend les marchands de bétail, nommés *criadores de gado*, qui possèdent de vastes propriétés incultes et nues, dont les principales, situées ordinairement sur les bords du rio San-Francisco, ont jusqu'à vingt, cinquante et même cent milles carrés. Ces hommes en général ont trop peu de communications avec les villes pour acquérir quelque instruction; ils ne s'occupent guère que de leurs troupeaux, et mènent une existence tranquille au milieu des espèces de déserts où ils sont confinés; les commerçans forment aussi un ordre très-considéré, mais fort peu nombreux.

La cinquième classe, qui se compose des *vadios*, c'est-à-dire des fainéans, se multiplie continuellement, comme dans tous les pays fertiles où les vivres sont à très-bon marché. Les hommes sans fortune et sans emploi dans Minas-Geraës mènent un genre de vie qui plaît à leur esprit d'indépendance ; il y en a quelques-uns néanmoins qui savent se rendre utiles en allant à la chasse. De même que les indigènes, ils se frayent un passage au travers des forêts impraticables, et les voyageurs peuvent s'en servir avec avantage dans leurs courses lointaines. D'après un calcul effrayant, il paraît que le nombre des hommes libres qui travaillent n'est pas égal à celui des fainéans de la même classe : on conçoit alors que la justice a nécessairement beaucoup à faire.

On ne peut se défendre d'un mouvement d'étonnement quand on jette un coup d'œil sur la quantité d'or que les premiers explorateurs tirèrent du pays circonvoisin : vers 1713, la cinquième partie, qui forme les droits de la couronne, et est désignée sous le nom de *quint*, alla à douze millions de francs, et parvint à une somme une fois plus considérable de 1730 à 1750, époque de la plus grande splendeur de Minas. On calcule que toute la capitainerie peut rendre maintenant au gouvernement cent cinquante arrobas d'or, ce qui fait trois mille quatre cent cinquante livres pesant.

Ce fut en 1711, au sortir des guerres civiles, et après qu'on eut élevé un palais pour le gouverneur, un arsenal et une monnaie, qu'il fallut penser à publier un code pour les mines. On eut de la peine à le mettre en vigueur ; mais il subsiste encore, et est suivi dans tous ses règlemens. Il fut décidé que toute la poudre d'or serait remise à des officiers nommés par la couronne, qui prélèveraient un cinquième du poids, fondraient le reste en lingots aux frais du gouvernement, et les remettraient aux propriétaires, avec un certificat de leur valeur. Cette ordonnance n'empêcha pas d'abord qu'une grande quantité de poudre d'or n'arrivât à Bahia et Rio-Janeiro, ce qui décida à établir sur les routes des postes militaires, où l'on visitait les voyageurs, qui, s'ils se trouvaient en contravention avec la loi, voyaient tous leurs biens confisqués, et étaient exilés pour la vie en Afrique, où ils ne tardaient ordinairement pas à succomber. Ce règlement est à peu près aussi rigoureusement observé, et l'on attache une grande ignominie au nom de fraudeur. La poudre d'or est ordinairement portée à la fonderie appelée *caza de fundicaon*, où toutes les opérations indiquées précédemment se font avec une singulière rapidité. La qualité inférieure de quelques lingots, dont la couleur est assez pâle, vient ordinairement du mélange de l'argent et du platine qui y sont contenus ; le titre de vingt-deux carats est le seul considéré comme légal.

Les lavages d'or sont situés à quelques lieues de la ville, et sont exploités des différentes manières que nous allons indiquer. Les particules d'or se trouvent ordinairement disséminées dans une couche de cailloux

Lavage des sables aurifères.

roulés et de gravier, recouverte d'une substance terreuse, et désignée sous le nom de *cascalhuon*.. S'il existe un courant d'eau dont le niveau se trouve à une élévation suffisante, il est nécessaire de tailler dans le sol des espèces de gradins de vingt à trente pieds de longueur, sur un pied de hauteur ; un fossé profond de deux ou trois pieds est creusé à la base, et il y a sur chaque marche neuf à dix nègres occupés à remuer continuellement la terre, pendant que l'eau descend lentement du point le plus élevé. (*Voyez la gravure en regard.*) Les particules d'or, dégagées par leur poids de cette boue liquide, tombent dans le fossé, au fond duquel elles ne tardent point à se précipiter. Au bout de quelques jours de lavage, on porte tout le sédiment de cette tranchée à un autre courant, où doit se terminer toute l'opération. Chaque ouvrier se sert alors d'une espèce de sébile en forme d'entonnoir, appelée *gamella*, et ayant deux pieds d'évasement ; il l'emplit de ce sédiment, qui a une teinte noire, et est ordinairement composé d'oxide de fer, de pyrites et d'autres substances ; puis se tenant debout dans le ruisseau, il agite la gamella avec adresse, après y avoir fait entrer une certaine quantité d'eau ; l'or se sépare nécessairement des substances plus légères, et finit par tomber au fond de la sébile, qui est rincée dans un vase d'une plus grande dimension et rempli d'eau. On ne met ordinairement guère plus de huit à neuf minutes au lavage de chaque gamella. Les paillettes que l'on en retire varient dans leur dimension ; il y en a d'assez légères pour flotter sur l'eau, tandis que d'autres sont quelquefois plus grosses qu'un pois. Des inspecteurs surveillent, comme on peut bien le penser, ces opérations, et font transporter l'or dans un bâtiment où, après avoir séché, il va au bureau du contrôle.

Les lavages sont quelquefois beaucoup plus pénibles ; le cascalhaon est à une grande profondeur, dans une terre glaise, difficile à enlever, et l'on n'a pas toujours la commodité d'un courant pour le laver. Souvent sur le bord d'une rivière les puits creusés pour l'obtenir se remplissent d'eau ; il faut alors les épuiser, et l'on se sert pour cela de certaines machines hydrauliques sujettes à se détraquer, et qui seraient avantageusement remplacées par des pompes à main, inconnues néanmoins dans le pays.

Comme l'or ne se trouve pas, à beaucoup près, en aussi grande quantité qu'autrefois, on cherche à en obtenir les moindres parcelles, et cela se fait par le moyen du lavage à la caisse : deux espèces d'auges de douze à quinze pieds de long, placées sur un plan incliné à la suite l'une de l'autre, et dont la seconde est six pouces plus bas que la première, sont recouvertes au fond de cuirs tannés avec leurs poils en dehors, ou de draps grossiers, auxquels s'attachent les plus petites particules d'or, lorsque le minerai est entraîné par l'eau. Ces cuirs sont transportés au bout d'une demi-heure au dessus d'un réservoir voisin, ayant à peu près cinq pieds de long sur quatre de large, et contenant deux pieds d'eau; on les bat et on les plonge à plusieurs reprises jusqu'à ce que les moindres parcelles métalliques aient été enlevées. Il est presque inutile de dire que le réservoir est fermé exactement. Le sédiment, après avoir été lavé, ne laisse que de l'oxide noir de fer, qui contient une poudre d'or si fine, que l'on est obligé d'employer le mercure pour la séparer. On mélange une once environ de ce métal avec une livre d'oxide, que l'on pétrit à la main pendant vingt minutes. Au bout de ce tems le mercure s'est emparé de tout l'or qu'il a séparé des matières hétérogènes, et qu'il enveloppe sans faire corps avec lui. On le met dans un linge qu'on tord pour le faire sortir en grande partie ; le reste se met sur un plat de cuivre, posé au dessus d'un feu de charbon, et recouvert de feuilles d'arbres, auxquelles le vif argent vient s'attacher, et qu'on renouvelle à mesure que la chaleur les brûle. Elles sont ensuite lavées pour obtenir le reste du métal. L'or qui reste dans le plat de cuivre offre alors une teinte d'un brun sale, bien différente de la belle couleur jaune qu'il avait auparavant. Cette opération s'exécute souvent sur des quantités beaucoup plus considérables que celles que nous avons indiquées.

Tous les différens moyens d'obtenir l'or des sables qui le contiennent, pourraient être infiniment améliorés; mais il faut attendre ces perfectionnemens de la continuation du commerce avec l'Europe, car elle doit nécessairement à la longue faire participer le Nouveau-Monde aux progrès de son industrie.

Les principaux lavages exploités autrefois, sont maintenant abandonnés, et malheureusement les mineurs se sont retirés, à mesure que l'or a diminué. La montagne où se trouve bâtie Villa-Rica, et qui prend le nom d'*Oiro Preto* (or noir), était une des plus riches de la province, et elle arrêta dans leur marche les intrépides Paulistes qui surent en tirer une quantité incroyable de pépites.

Ils ne restèrent pas, il est vrai, longtems les uniques possesseurs de cette riche contrée, dont ils se regardaient comme les propriétaires, et ils furent souvent obligés de verser leur sang pour y régner avec des hommes qu'ils voulaient asservir.

On trouve dans les pays d'alentour des argiles de toute espèce, extrêmement propres à la fabrication de la poterie, et généralement exploitées. Mais il existe, en outre, au pied d'une montagne de schiste argileux, appelée Santo-Antonio, une quantité considérable de terre à porcelaine de la plus belle qualité, dont on ne fait malheureusement aucun usage.

Quoique le territoire de Villa-Rica offre à l'agriculteur une foule de vallées fertiles, qui n'exigeraient que fort peu de soins pour produire en abondance, il est en général mal cultivé, et l'économie rurale y a fait peu de progrès. Il paraît que l'olivier, le mûrier et la vigne, y réussiraient parfaitement. Le froment y est excellent, le maïs rend jusqu'à cent soixante à deux cents pour un, et forme la plus grande partie de la nourriture des habitans, avec de petits haricots noirs d'un goût assez agréable, qui viennent également en abondance. Nous allons indiquer ici, d'après des documens certains, la manière dont se prépare le maïs.

On le fait tremper pendant huit jours, puis on l'écrase dans une grande auge de bois percée de trous, soit avec les mains, soit avec un grand pilon attaché à un levier qui a vingt-cinq à trente pieds de long, et qui est soutenu par des pierres aux cinq huitièmes de sa grandeur. L'extrémité du bras le plus court est creusée afin de recevoir une quantité d'eau suffisante pour soulever l'autre bout, auquel est suspendu le pilon. Cette cavité se vide d'elle-même quand elle est descendue à un point donné. En se remplissant et se vidant alternativement, elle soulève et laisse tomber le pilon : on nomme cette machine *manjollo*, ou *preguiça do Brasil* (paresse du Brésil), parce qu'elle travaille très-lentement ; on la place toujours près d'un courant d'eau qui la fait agir. Quand le maïs est réduit en farine, on le fait sécher sur des plaques de cuivre fabriquées exprès, ou sur une table de grès très-mince ; elle acquiert un goût fort agréable, et est infiniment plus nourrissante que la farine de manioc, fort peu estimée des habitans de Minas, qui l'appellent par dérision *farinha de pao*, farine de bois.

La passoca, dont on se nourrit surtout en voyage, est un mets fort recherché des voyageurs, parce que sa préparation exige peu de soin : c'est de la viande bien grasse, séchée par un moyen particulier, que l'on presse et que l'on écrase dans la farinha, jusqu'à ce que la graisse l'ait entièrement pénétrée.

On compose également avec le maïs une boisson appelée *jacuba*, que les habitans prétendent être très-saine et très-nourrissante ; c'est un mélange d'eau, de sucre brut et de farinha. Telle est la sobriété de plusieurs habitans, que les alimens grossiers dont nous venons de faire mention peuvent leur suffire; les riches ont une table très-variée.

On nourrit des bestiaux de toute espèce; mais on s'occupe surtout de l'éducation des porcs, qui pourraient devenir une branche considérable d'exportation, si le sel devenait moins cher dans ces parages. Les habitans en général accommodent tous leurs mets avec de la chair de petit salé, et la préfèrent aux autres viandes : on fabrique cependant du beurre dans quelques fermes, depuis que M. Mawe a indiqué la manière de le faire, en traversant le pays pour se rendre à Tejuco.

Les établissemens nécessaires à la fabrication du sucre et à la distillation de l'arac, ne sont point aussi bien tenus que dans les endroits du bord de la mer où l'on s'occupe exclusivement de ces deux objets.

La ville de Mariana, qui n'est éloignée de Villa-Rica que de huit milles environ, et sert de résidence à l'évêque, possède dans son voisinage, comme la capitale, plusieurs lavages d'or et quelques fermes assez mal administrées, où cependant le voyageur trouve l'hospitalité la plus touchante. Nous devons dire, à la louange des habitans de Minas, qu'ils accueillent les étrangers avec la plus extrême cordialité, et leur offrent tous les moyens de continuer leur route, en se privant quelquefois des bêtes de somme qui leur sont nécessaires.

Une partie de la route conduisant au district diamantin, ne présente pas toujours l'aspect de la fertilité; après avoir visité plusieurs lavages et quitté le pays d'Itambe, dont l'état déplorable a passé en proverbe au Brésil, on arrive dans un endroit appelé *Oiro branco* (or blanc), dont les sables contiennent du platine, mais que l'on a cessé depuis long-tems d'exploiter.

En continuant la route au travers d'un pays bien peuplé, souvent montueux, et offrant à côté des lavages de beaux pays bien arrosés, cultivés en partie, mais susceptibles de l'être davantage, on parvient à Villa-do-

Principé, qui se trouve sur les confins du Serro-do-Frio, ou district diamantin. Ce bourg, qui pourrait avoir le titre de ville, contient environ cinq mille habitans, dont la plupart tiennent des boutiques, et fournissent des marchandises au pays environnant. A partir de cet endroit, les voyageurs se rendant à Tejuco, sont obligés de se soumettre à plusieurs règlemens sévères, et ne peuvent point quitter la grande route sans être arrêtés et obligés de répondre à une foule d'interrogatoires qui entraînent nécessairement beaucoup d'embarras. On ne laisse en général passer aucun étranger sans en donner un avis officiel au gouverneur du district, pour qu'il soit à même de prendre les mesures jugées convenables lors de son arrivée.

Vues dans l'éloignement, les montagnes qui entourent le territoire diamantin offrent l'aspect le plus sauvage, et semblent avoir été placées par la nature, pour empêcher que l'on n'enlevât les riches trésors qu'il renferme. D'un côté, des rochers immenses, taillés perpendiculairement, s'élèvent jusqu'aux nues; de l'autre, on aperçoit des montagnes couvertes d'une végétation languissante, et formées de quartiers de rocs amoncelés comme des ruines les uns sur les autres; mille torrens en descendent, et forment des cascades qui viennent arroser la vallée et se perdre après bien des détours dans quelque fleuve.

Plus on approche de Tejuco, plus les yeux sont fatigués par l'apparence de la stérilité et par la misère de l'habitant des campagnes; et l'on s'aperçoit que les différens détachemens des postes exercent une surveillance extrêmement active.

Tejuco est situé sur le penchant d'une montagne : ses maisons, bâties d'une manière très-irrégulière, forment des rues inégales ; cependant elles ont une plus belle apparence que celles des autres villes de Minas, et elles sont entretenues avec soin. On prétend que le nombre des habitans s'élève à six mille, dont une portion paraît être dans une position très-peu aisée, et pourrait, selon M. Mawe, être employée à la culture des terres ou à divers genres de manufacture. Comme le territoire est extrêmement stérile, on est obligé de faire venir les provisions de plusieurs fermes assez éloignées, ce qui nécessairement les renchérit beaucoup. Le bœuf, le cochon et la volaille, y sont néanmoins très-abondans. Les personnes riches qui peuvent se procurer des vins de Porto, ainsi qu'une foule de denrées importées du bord de la mer, vivent avec une sorte de recherche inconnue dans beaucoup d'autres villes du Brésil. La société y est extrêmement aimable ; il y règne un excellent ton, et les femmes paraissent suivre les modes de Rio-Janeiro. M. da Camara, qui a long-tems voyagé en Europe et s'y est fait distinguer par des connaissances utiles, est depuis plusieurs années gouverneur des mines de diamans, et il a accueilli avec la plus extrême bonté les voyageurs européens que la curiosité a conduits à Tejuco, où il habite avec sa famille (1).

---

(1) Un jeune habitant de Tejuco, qui étudie maintenant la médecine à Paris, dans le but d'être un jour utile à ses compatriotes, M. Torquato Pires, nous a remis une note sur le directeur des mines, que nous traduisons ici textuellement parce qu'elle fait connaître les avantages d'une bonne administration.

« Presque toutes les améliorations qui se font sentir dans l'état actuel du Serro-do-Frio sont dues au zèle de M. Manuel Ferreira da Camara. Cet habile minéralogiste est le premier qui se soit occupé de l'exploitation des mines de fer dans Minas; et le résultat a si bien couronné ses efforts, que les magasins sont remplis de ce

Le territoire désigné particulièrement sous le nom de district diamantin, a une étendue de seize lieues du nord au sud, sur huit de large de

métal utile acheté pendant si long-tems à la Suède. Le lavage de l'or, l'extraction des diamans, ont été facilités par des machines ingénieuses ; et les soins de l'administrateur éclairé se sont étendus jusqu'à la police intérieure du pays. Un grand nombre de rues de Tejuco ont été pavées, et des routes nouvellement ouvertes facilitent la communication des différens cantons du district diamantin. Il n'est pas possible, dans une note rapide, de détailler tous les services rendus par M. da Camara à son pays ; mais plusieurs voyageurs, et, dernièrement encore, MM. Spix et Martius, se sont plu à rendre justice à son mérite. »

l'est à l'ouest. Quelques mineurs de Villa-do-Principé le découvrirent en cherchant de l'or ; ils arrivèrent dans le pays environnant, mais ils ne s'y arrêtèrent pas long-tems, parce qu'ils ne le trouvèrent point assez riche, et ils continuèrent leur route jusqu'au pied de la montagne où est situé aujourd'hui Tejuco. Selon un ouvrage portugais que nous avons entre les mains, un certain Bernardo de Fonseca-Lobo trouva les premiers diamans en 1729, et un ouvidor de la province, qui avait été autrefois à Goa, les reconnut pour tels. S'il faut en croire une autre autorité, ceux que l'on découvrit d'abord furent apportés comme des cailloux brillans au gouverneur de Villa-do-Principé, et ils lui tinrent lieu de jetons en jouant aux cartes. Il en parvint quelques-uns à Lisbonne; le ministre de Hollande les reçut également comme de jolis cailloux, mais il ne tarda pas à les envoyer dans son pays, où leur véritable valeur fut reconnue par certains lapidaires : ceux-ci donnèrent avis de leur découverte au conseil de la nation, qui la communiqua au gouvernement portugais, avec lequel il passa un contrat pour toutes les pierreries qui seraient trouvées par la suite dans le Serro-do-Frio, dont on fit dès-lors un district entièrement séparé.

La quantité de diamans envoyés vers les premières années en Europe fut tellement prodigieuse, qu'elle y fit baisser la valeur générale de ces pierres; elle alla, dit-on, au dessus de mille onces. Ce ne fut qu'en 1772 que le produit des mines précieuses de Tejuco retourna entièrement à la couronne de Portugal, après avoir enrichi la Hollande. Les diamans reviennent au gouvernement à un prix plus élevé qu'on ne le croit généralement en Europe : on a calculé qu'après toutes les dépenses faites pour les extraire des mines, ils coûtaient 40 fr. 50 cent. le carat. Les lavages produisent ordinairement chaque année vingt mille carats, et l'on en fraude une grande quantité : M. Mawe assure même que les diamans s'échangent contre toute espèce d'objets, en y mettant une sorte de circonspection ; et il observe que le vendeur de bulles de Sa Sainteté consentait à en recevoir en échange des indulgences, ou des dispenses qu'il délivre au nom de l'évêque de Mariana.

Il est à remarquer que les propriétaires de lavages d'or ont depuis quelques années le droit de les exploiter, mais qu'ils sont obligés de remettre à l'intendant du district tous les diamans trouvés pendant les travaux. Ce ne sont pas eux en général, comme on peut bien le penser, qui enrichissent beaucoup le trésor.

Ces pierres, si recherchées par le prix que le luxe y a attaché depuis long-tems, se trouvent dans la croûte des montagnes, dans les lits des rivières, et dans les attérissemens qui se forment sur leurs bords; la figure des diamans est aussi variée que leur couleur; ceux qui se rencontrent particulièrement sur les hauteurs, sont octaèdres formés par la réunion de deux pyramides tétraèdres. Les *reboludos*, ainsi nommés à cause de leur forme arrondie, sont ordinairement tirés des rivières ; les diamans, lorsqu'ils ont été débarrassés de leur première enveloppe terreuse, sont bien loin d'être brillans, ils ne présentent qu'un léger chatoiement (1).

---

(1) Il a été reconnu depuis long-tems que le diamant, malgré sa dureté, pouvait être volatilisé par le feu ; cependant les dissolvans chimiques ne peuvent rien sur lui. Un auteur, connu par ses vues judicieuses, dit : « Il semble que la chaleur et la lumière aient des rapports directs avec le diamant, puisque jamais on ne le trouve hors des limites de la zone torride. »

Le Jiquithinonha est jusqu'à présent le fleuve qui en a produit un plus grand nombre ; et nous allons maintenant indiquer les moyens que l'on emploie pour les en tirer.

Avant de commencer l'exploitation il faut exécuter des travaux immenses ; on est forcé d'éloigner les eaux en les conduisant dans un canal creusé à cet effet ; et l'on aura une idée de la peine que cela donne, en réfléchissant qu'un barrage de plusieurs milliers de sacs de sable les arrête au dessous du point où commence ce même canal. (*Voyez la gravure en regard.*) La rivière étant large et peu profonde, il est nécessaire que cette berge artificielle soit assez forte pour résister à la pression de l'eau, dans le cas où elle s'élève-

Manière de descendre le Gigantiquenagua pour y chercher le diamant.

rait à quatre ou cinq pieds : il faut, comme on peut bien le penser, les forces réunies de plusieurs hommes pour achever un semblable travail, qu'il serait, dit-on, possible de simplifier.

On se sert ordinairement de caissons ou de pompes à chaîne mises en mouvement par une roue à eau, pour dessécher ensuite la partie la plus profonde de la rivière. Dès que la boue a été enlevée, on tire le cascalhaon qui est transporté dans un endroit commode pour le lavage, au moyen de deux plans inclinés de trois cents pieds de longueur, sur lesquels une grande roue à eau, divisée en deux portions différentes, met en mouvement deux caissons par le secours d'une corde de cuir non tanné; tandis que l'un descend vide sur un plan, celui qui a été chargé de cascalhaon arrive au sommet de l'autre pour tomber dans un berceau, s'y décharger et descendre à son tour.

On travaille ordinairement pendant la saison sèche à rassembler une quantité considérable de cascalhaon, pour occuper les noirs pendant le tems de l'hivernage; et il est mis en tas de quinze à seize tonneaux avant que de procéder au lavage.

Lorsque l'époque de l'exploitation arrive, on construit un hangar qui peut avoir cent vingt pieds de long sur quarante-cinq de large. On y fait passer au milieu un courant d'eau par une rigole couverte de planches, sur lesquelles on apporte deux à trois pieds de cascalhaon. (*Voyez la gravure*

Lavage du Cascalhao contenant le Diamant.

en regard.) Un plancher est fixé sur l'argile à côté de la rigole, et s'étend en pente dans toute la longueur du hangar. Il est divisé en vingt compartimens formant des espèces de caisses disposées de manière à ce que l'eau soit introduite vers la partie supérieure entre deux planches parallèles, distantes l'une de l'autre d'environ un pouce, tandis qu'elle s'écoule par un petit conduit creusé à l'extrémité inférieure.

Les noirs n'entrent dans ces compartimens que lorsque les officiers inspecteurs sont placés sur des siéges élevés à des distances égales au dessus des tas de cascalhaon. Munis alors chacun d'un rateau à manche court, ils font tomber dans leur caisse cinquante à soixante livres de ces cailloux, et les remuent continuellement, après y avoir introduit l'eau, qui ne tarde pas à enlever toutes les parties terreuses; on choisit ensuite tous les gros cailloux pour les jeter, et l'on examine le reste avec la plus scrupuleuse attention, pour découvrir le diamant, qui se trouve ordinairement dans une espèce d'enveloppe noirâtre, formée d'une substance ferrugineuse, contenant souvent plusieurs grains d'or; on la brise toujours pour peser la pierre et l'inscrire sur le registre du trésor.

C'est faussement que l'on a assuré que les noirs n'étaient point vêtus lorsqu'ils travaillaient au lavage; ils portent ordinairement une veste et un caleçon; mais lorsqu'ils ont trouvé un diamant, ils frappent des mains, les ouvrent, et présentent la pierre entre le pouce et l'index à un inspecteur, qui la reçoit et la remet dans un vase suspendu au milieu du bâtiment; tout le produit du lavage est délivré vers le soir à un des principaux officiers, chargé de la tenue des registres.

On use d'une foule de précautions pour empêcher que les noirs ne détournent quelques diamans; et si l'un d'eux est soupçonné d'en avoir avalé, on l'enferme dans un lieu sûr, jusqu'à ce que le tems vienne constater la vérité du fait : cette espèce de fraude est ordinairement punie d'un emprisonnement prolongé et d'une punition corporelle.

Ces malheureux ont le plus grand intérêt à apporter quelque attention au travail dont ils sont chargés ; car celui qui a le bonheur de trouver un diamant de dix-sept carats et demi, recouvre sa liberté, est habillé de neuf, et peut travailler pour son compte; des primes proportionnelles sont accordées aux individus qui rencontrent des pierres d'une valeur moins considérable.

Quoique M. da Camara ait singulièrement amélioré le sort des esclaves employés par le gouvernement, il est encore, à ce qu'il paraît, plus rigoureux que dans d'autres établissemens. Ces esclaves ne sont pas loués à un prix très-élevé par leur maître ; mais il existe probablement une espèce de compensation qui engage à les offrir de toute part. Ils sont en général assez médiocrement nourris, et n'ont que deux heures et demie de relâche, quoique travaillant depuis le lever du soleil jusqu'à son coucher : on leur permet de se reposer aussi quatre ou cinq fois dans la journée, car il leur serait impossible de rester fort long-tems dans la posture pénible que leur travail exige.

Tous les diamans que ces infortunés tirent avec tant de peine de la terre, sont transportés à Tejuco pour être remis dans le trésor qui est gardé dans des coffres à trois clefs, confiées à un nombre égal d'officiers du district, dont la présence est absolument nécessaire pour les ouvrir. Les pierres sont déposées dans des sacs de soie noire, placés dans de jolies caisses à tiroirs, et le tout est renfermé dans des coffres cerclés en fer pour être envoyé à Rio-Janeiro sous une escorte de cavalerie.

Aucun souverain ne possède un aussi grand nombre de diamans que le roi du Brésil ; et l'on prétend que leur valeur va à plus de soixante-douze millions de francs. Il ne faut pas oublier que l'on ne néglige point le lavage de l'or en cherchant ces pierres, et que ce qui est obtenu appartient entièrement au gouvernement.

Malgré les risques que l'on court en faisant la fraude du diamant, quelques individus entreprenans ont fait leur fortune par ce moyen. Ces espèces de contrebandiers, connus sous le nom de *grimperos*, emploient une foule de moyens pour se soustraire aux recherches actives des chefs de détachemens établis sur les routes pour visiter les voyageurs ; mais tout est examiné avec la plus minutieuse exactitude, si l'on a conçu le moindre soupçon. Les fusils sont démontés ainsi que toutes les autres armes ; on se voit forcé de se dépouiller entièrement de ses vêtemens ; et, selon plusieurs personnes dignes de foi, on a poussé les précautions jusqu'à enfermer pendant un certain tems quelques individus accusés d'avoir avalé les diamans qu'ils voulaient transporter sur les bords de la mer.

Malgré ces nombreuses difficultés, ce commerce illicite a été immense. On prétend que, depuis la découverte des mines, il a fait entrer en Europe quarante-huit millions de francs.

Les grimperos errant dans des contrées peu connues, au mépris des fatigues de toute espèce, finissent ordinairement par rencontrer quelque pierre d'un prix considérable; mais la richesse cause trop souvent leur malheur. Il est difficile d'imaginer de nouveaux moyens d'échapper à la vigilance des postes établis à peu de distance l'un de l'autre; et les fraudeurs sont ordinairement punis de l'exil en Afrique, de la confiscation des biens, et d'une détention à vie dans une prison, où l'on reçoit à peine la nourriture nécessaire à l'existence.

Nous ne quitterons point Minas Geraës sans parler de quelques villes dont il nous a été impossible de nous occuper : de ce nombre est San-

Joam-d'el-Rey, capitale du district qui porte le même nom ; elle contient environ cinq mille habitans, et est située sur les bords du rio das Mortes. Son territoire fertile, mieux cultivé que le reste de la capitainerie, fournit du froment, du maïs, des haricots, des fruits d'Europe, et envoie à Rio-Janeiro une quantité considérable de fromages et de lard salé.

On remarque vers la partie méridionale de ce district une branche des Mantiqueiras, formée de rochers escarpés et de forêts anciennes comme le monde, où vivent certains indigènes appelés *Cachinèzes*, qui sont extrêmement timides, et n'ont point même assez de force corporelle pour se rendre redoutables aux aldées du voisinage : toutes leurs déprédations se réduisent à enlever quelques têtes de bétail.

En suivant les mêmes montagnes, on entre dans la chaîne *das Lettras* (des lettres), qui fait également partie des Mantiqueiras, et l'on peut observer le jeu de la nature qui lui a fait donner ce nom. Les voyageurs pénètrent dans une grotte immense, formée en partie de grès élastique (1), et ils considèrent avec étonnement une multitude de dessins réguliers, ressemblant à des caractères hiéroglyphiques, qui, selon toute apparence, ont été formés par des particules ferrugineuses, et que le peuple s'obstine à considérer comme ayant été tracés de la main de saint Thomas,

---

(1) *Grès micaceo flexivel.* (Haüy.)

auquel on a dédié une chapelle tout près de là.

Le rio das Mortes, que l'on considère comme la rivière la plus importante de toute la comarca, doit son nom au combat terrible qui fut livré sur ses bords à l'époque des troubles de Minas ; les Paulistes et les Brésiliens de l'autre parti s'y battirent avec acharnement ; il y eut beaucoup de monde tué de part et d'autre, mais les derniers finirent par l'emporter.

Villa-Real do Sabara est aussi la capitale du district de son nom, et est éloignée d'environ vingt-deux lieues de San Joam-d'el-Rey : c'est un des anciens établissemens des Paulistes, qui découvrirent la comarca vers 1690, et y exploitèrent plusieurs mines d'or dont ils envoyèrent le produit à Saint-Paul. Lorsque le gouvernement de Lisbonne voulut percevoir les droits imposés sur toute la colonie, les habitans de la nouvelle ville prirent les armes, et l'on se battit; ils remportèrent d'abord la victoire, tuèrent dans une rencontre le gouverneur qui leur avait été envoyé d'Europe, et attendirent de pied ferme les troupes que l'on envoyait de nouveau contre eux; mais la fortune cessa de leur être favorable, et ils furent réduits à accepter les conditions qu'on voulut leur imposer : suivant, néanmoins, l'impulsion naturelle de leur caractère entreprenant, ces Paulistes ne voulurent recevoir pour gouverneur qu'un homme qui se rapprochât d'eux par les habitudes, et se fût distingué par différentes découvertes dans l'intérieur.

Sabara est une ville assez considérable, bâtie sur le bord du rio das Velhas, entourée de montagnes et traversée en partie par une rivière qui prend son nom ; on y remarque plusieurs églises, quelques couvens et une fonderie pour l'or. Comme dans presque toutes les villes de l'intérieur, les habitans s'occupent du lavage des sables et de l'agriculture ; ils forment deux régimens de cavalerie auxiliaire dans lequel les blancs seulement peuvent être admis ; les noirs et les mulâtres libres achèvent de compléter une milice assez considérable. Les individus des deux couleurs sont toujours séparés.

On remarque à trois lieues de là

un lac qui peut avoir trois milles de circuit, et que l'on a nommé Lagoa-Santa, en raison des bons effets produits par ses eaux chaudes qui sont extrêmement limpides, mais dans les temps de calme offrent à leur surface une légère pellicule couleur d'acier.

En s'avançant au nord-est de Tejuco, on entre dans le district de Minas-Novas, et l'on parvient, après avoir fait environ quatre lieues, à un village considérable nommé *Tocoyos*. Les nombreux ruisseaux qui coulent dans le voisinage renferment des topazes blanches, dont quelques-unes sont colorées en bleu, des aigues-marines et des chryso-berils, dont on fait le plus grand cas dans les différentes villes du Brésil.

On trouve à quelque distance une montagne appelée le Serro-António, qui fournit des diamans d'une qualité assez médiocre.

Tocoyos doit devenir de la plus grande importance par sa position : le Jiquithinonha se jette à peu de distance dans le rio Grande de Belmonte, qui peut être regardé comme une continuation de cette rivière, et traverse un pays magnifique avant que de se rendre à l'Océan. Nous ferons voir, en parlant de Porto-Seguro et de Belmonte, les facilités que l'on peut trouver à transporter les marchandises de Bahia à Minas par cette nouvelle route infiniment plus courte que celle qui a été ouverte par terre, où l'on manque quelquefois d'eau et où l'on est privé en outre de toute espèce d'auberges.

Minas-Novas est encore très-peuplé et presque entièrement inconnu vers certains endroits ; ses campagnes fertiles produisent les plus beaux bois de charpente et de marquetterie ; il y fait un peu plus chaud que dans le Serro-do-Frio ; aussi la canne à sucre, le café et le coton y prospèrent-ils également. La vanille y est excellente et pourrait former par la suite une branche considérable de commerce.

Les Bouticoudos, les Puris, les Coroados et les Patachos, dont nous donnerons une description en parlant des lieux où ils ont été plus particulièrement observés, occupent encore de vastes portions de terrains incultes; et l'on ne peut s'empêcher de former des vœux bien ardens pour qu'ils adoptent la vie des agriculteurs. Nous les avons vus plus d'une fois dans un autre endroit prendre la résolution de cultiver la terre, mais ils recevaient malheureusement peu d'encouragemens, et ne tardaient pas à abandonner leur nouveau projet.

C'est Minas-Novas qui a produit le plus gros diamant que possède la couronne de Portugal, et il fut trouvé à plus de quatre-vingt-dix lieues de Tejuco, sur les confins de Goyazès, par trois hommes convaincus de crimes capitaux, et bannis dans les portions les plus reculées de l'intérieur, où ils s'occupaient à la recherche de nouvelles mines, espérant obtenir leur grâce par la découverte de quelque objet d'un grand prix.

Leur situation était peut-être plus affreuse que la captivité : exposés continuellement à tomber entre les mains des sauvages qui dans ces contrées ont souvent été en guerre avec les blancs, et dévorent encore leurs prisonniers, ils manquaient souvent des alimens les plus grossiers. Après six ans de peines et de fatigues, le hasard les conduisit à un petit ruisseau nommé l'Abaïtè, dont le lit se trouvait être presque entièrement à sec à cette époque, où les plus grandes chaleurs se faisaient sentir.

Il est facile de se figurer la joie qu'ils durent éprouver en rencontrant un diamant pesant près d'une once ; ils se confièrent à un ecclésiastique, qui les accompagna à Villa-Rica, où ils présentèrent cette pierre extraordinaire au gouverneur, qui leur accorda des lettres de grâce provisoires ; elles ne tardèrent point à être ratifiées par le gouvernement de Lisbonne, auquel l'ecclésiastique, en portant lui-même le diamant, était allé les demander, comme récompense du plus beau présent qui eût jamais été fait à la couronne de Portugal.

Le ruisseau ne tarda pas à être exploité, sous la direction de l'intendant du district diamantin ; mais si on y a trouvé depuis quelques gros diamans, ils étaient d'une qualité inférieure, et ont fait abandonner ce nouveau district, dont on espérait tirer un si grand parti.

On trouve à quelque distance de cette rivière une mine très-abondante de plomb, qui pourra devenir une source de richesses pour les habitans des environs, à cause de la rareté de ce métal au Brésil.

Les Fazendas, qui en général commencent à s'établir dans le district des mines neuves, ont un véritable besoin d'encouragement. Faute de chemins de communication, les propriétaires se voient fréquemment obligés de garder leurs denrées pendant des années entières, et souvent ils possèdent à peine les principaux instrumens d'agriculture. Rien n'est en général plus pauvre que leurs habitations; ce sont de misérables chaumières, bâties en terre, ordinairement humides, et éclairées par un

LE BRÉSIL.

trou, qui se ferme à peine, au moyen d'un volet grossièrement façonné. L'ameublement est parfaitement en harmonie avec la maison; il consiste dans des lits garnis de mauvais matelas de coton, souvent remplacés par des espèces de paillasses remplies d'herbes sèches ou de feuilles de maïs; quelques bancs, un grand coffre soutenu par des pieds (1), et contenant les effets les plus précieux du ménage, achèvent de décorer la salle principale, où l'on est tout surpris quelquefois d'apercevoir un vase ou un bassin d'argent, qui ne servent à la vérité que dans les grandes occasions.

---

(1) Pour le garantir de l'humidité.

Les vêtemens sont aussi de la plus extrême simplicité : les hommes sont enveloppés dans une espèce de blouse et portent pour chaussure des sandales de bois, à moitié recouvertes par un cuir ; une veste en lambeaux, un pantalon de coton, forment l'accoutrement des enfans, et les femmes se contentent d'une chemise assez grosse et d'un jupon de cotonnade de couleur blanchâtre, qu'elles serrent ordinairement au dessus des reins ; mais lorsque le jour d'une fête extraordinaire est arrivé, tout change rapidement d'aspect ; le luxe veut se montrer au milieu de la misère, et les plus beaux vêtemens se tirent du coffre, où souvent ils étaient enfermés depuis plusieurs mois. On voit alors nos étoffes de France ou d'Angleterre employées d'une manière assez singulière, et les jeunes gens les plus élégans porter des vestes dont le dessin bizarre fait quelquefois sourire un Européen. Les femmes montrent ordinairement plus de goût, et leur vêtement dans ces occasions n'est point dénué de grâce ; il a à peu près la même forme que celui des jours de travail, mais il est plus recherché, et la chemise est ordinairement brodée : des pendans d'oreilles et des chaînes d'or complètent la parure.

La nourriture des familles est presque la même dans toutes les plantations ; et cependant le pays semble offrir de toute part les moyens de la rendre plus agréable. Le pain et le vin sont proscrits de tous les repas, qui consistent ordinairement en haricots rouges, nommés *feijons*, assaisonnés avec du lard ou du bœuf séché; mais la farine de maïs remplace celle de manioc, et se mange fréquemment avec du sucre brut, que l'on sert en pains carrés, et que les habitans appelent *rapadura*; il faut ajouter à ces différens mets du laitage que les vaches fournissent en abondance, et quelquefois du gibier, ainsi que du miel sauvage. Il est très-rare qu'un planteur de Minas-Novas se décide à tuer un de ses bœufs pour le faire servir à la nourriture de sa famille et de ses esclaves; ceux-ci sont en général assez bien traités, et vivent comme leur maître, à peu de chose près.

L'existence des cultivateurs qui se

rapprochent du centre est infiniment plus heureuse, à cause de la facilité des communications ; et les fermes qui avoisinent Villa-de-Fanado, que l'on regarde jusqu'à présent comme la capitale de Minas-Novas, offrent presque l'aspect de la prospérité ; mais les habitans ne s'occupent point encore assez de l'agriculture : leurs champs immenses de cotonniers sont trop souvent délaissés pour la recherche des métaux précieux ; et l'on peut encore malheureusement leur appliquer, ainsi qu'aux autres, ce que M. Mawe disait en général des cultivateurs de l'intérieur il y a dix à onze ans.

« Ainsi, les habitans du Brésil,
» vivant sous un des plus beaux cli-
» mats du monde et dans un pays

» fertile, couvert de magnifiques
» bois de charpente, et arrosé de
» tous côtés par des ruisseaux, des
» rivières et des chutes d'eau, enfin
» dont le sein renferme des miné-
» raux précieux ainsi que du fer, et
» qui peut produire la plupart des
» choses utiles, sont, il est vrai, à
» l'abri du dénûment absolu, mais
» ils croupissent dans l'indigence.
» Le mineur se procure à la vérité
» son or par un grand travail ; mais
» cela ne devrait pas l'empêcher d'a-
» méliorer. Si sa baraque était chan-
» gée en maison, si ses esclaves étaient
» mieux nourris et mieux logés, si
» sa famille était mieux pourvue de
» tout ce dont elle a besoin, les af-
» faires en recevraient une impulsion
» nouvelle, et chaque portion de sa

» propriété en deviendrait du double
» plus productive. »

Les années 1818 et 1819 ont été fatales à une portion du territoire des mines ; les chaleurs les plus vives s'y sont fait sentir, et la sécheresse a dévoré plus d'une plantation ; mais il ne faut heureusement à cette belle contrée que quelques pluies pour retrouver son ancienne fertilité, et offrir de riches moissons au cultivateur.

C'est en général de l'aisance des propriétaires environnans que dépend la prospérité de Fanado, où ils viennent s'approvisionner des différens objets qui leur sont nécessaires. Cette petite ville est heureusement située, sur une éminence, entre plusieurs rivières qui lui ont autrefois donné leur nom ; elle possède plusieurs églises et plusieurs couvens, et il existe des professeurs payés par le gouvernement pour l'enseignement de la jeunesse. Parmi les habitans, qui, pour la plupart, s'occupent du lavage de l'or, de l'éducation des bestiaux ou de la culture du coton, il y en a quelques-uns qui cherchent des pierres précieuses de couleur, dont le commerce est permis par le gouvernement. Son accroissement futur tient beaucoup à l'amélioration des communications avec la côte voisine de Bahia, parce que les voyageurs y viendront nécessairement en grand nombre pour se répandre dans le reste du district.

Comme les fleuves qui arrosent le pays circonvoisin sont plus ou moins abondans en or et en pierres de couleur, et qu'un grand nombre d'entre eux prennent leur source dans des lieux dominés par les sauvages, ou jusqu'à présent très-peu explorés, on fait courir mille bruits sur la richesse des montagnes qui leur donnent naissance. D'après le rapport des mineiros eux-mêmes, cette contrée presque déserte se nomme *Americanos*, et présente à la superficie de la terre des quantités prodigieuses de pierres précieuses ; mais les individus qui sont parvenus à y pénétrer, malgré les marais fangeux et les forêts dont elle est environnée, n'ont point tardé à se repentir; s'ils ont acquis des richesses, ils ont manqué périr de faim, et se sont vus assaillis par des maux de toute espèce. Nous sommes loin d'affirmer l'existence de cette espèce d'Eldorado; mais nous rapportons, seulement dépouillés de tout ce qu'ils avaient de merveilleux, les discours de plusieurs personnes qui s'accordaient assez dans les circonstances principales de leur récit.

La *Corografia brasilica*, qui ne contient ordinairement que des documens de la plus extrême vérité, ne parle point de cet endroit merveilleux; mais elle fait mention d'un ruisseau *das Americanas*, où l'on trouva, vers le mois de janvier 1811, une superbe aigue-marine, qui pesait plus de quinze livres. Au mois d'octobre suivant, on en retira une autre à peu près du quart de ce poids.

Dans un pays aussi étendu que

Minas-Geraës et Minas-Novas, les productions naturelles sont, comme on le pense bien, extrêmement variées ; aussi ne ferons-nous que jeter un coup d'œil rapide sur ce qu'elles offrent de plus utile ou de plus intéressant.

Les plaines considérables de Minas-Geraës sont propres à un grand nombre de genres de culture ; et leur fertilité les fait considérer peut-être comme les meilleurs terrains du Brésil ; cependant, la chaleur se faisant moins sentir que vers le bord de la mer, elles semblent avoir été réservées pour produire les denrées importées de l'Europe. On y récolte donc en plus grande abondance le blé, le seigle et le maïs ; et la vigne ne tarderait pas à prospérer suffisamment pour qu'on n'eût plus besoin de vins de Portugal. Le sucre et le café qui viennent dans cette contrée sont réservés à la consommation de la capitainerie, où l'on fait très-peu d'usage de la farine de manioc. La patate, l'igname, les différentes sortes de haricots, les giraumons, les choux, y prospèrent d'une manière surprenante, ainsi que plusieurs autres légumes de l'Europe ; on extrait du ricin une huile employée à l'éclairage ; la culture de l'indigotier, du lin et du chanvre, ne demande qu'à être encouragée.

Minas-Novas est surtout riche en objets d'histoire naturelle dans les trois règnes : les quadrupèdes, chassés de tous les côtés, y semblent être venus chercher un asile ; le jaguar, le tapir, le cerf et le singe, habitent ces vastes forêts : quelques personnes prétendent qu'il ne serait point impossible de rendre le tapir domestique, et que cet animal vigoureux serait en état d'être dressé à de nombreux travaux. C'est dans ces pays déserts que l'homme doit étendre ses conquêtes ; c'est là surtout qu'il peut faire usage de l'espèce de puissance que la divinité lui a donnée sur les animaux. Mais, nous le répétons, il faut qu'il se livre tout entier à l'agriculture ; il faut qu'il prouve à l'Europe que l'or n'est point la seule richesse offerte par la nature aux habitans des mines.

CHAPITRE XIV.

Goyas.

GOYAS est un vaste pays encore bien peu connu, qui se trouve, comme le Mato-Grosso, tellement éloigné du bord de la mer, que la colonisation n'en a pu se faire que très-lentement. Nous n'aurions que fort peu de choses à en dire, si la *Corografia brasilica* ne nous fournissait point la plupart des détails que nous allons offrir à nos lecteurs ; nous y joindrons les notions que nous avons été à même de recueillir pendant notre séjour au Brésil, et nous espérons faire connaître, plus qu'elle ne l'a été jusqu'à présent en France, une contrée remarquable par la fertilité et la beauté de son territoire.

Sa richesse fut découverte, comme nous l'avons dit, par Manuel de Correa, qui était parti de Saint-Paul; aussi a-t-elle été long-tems considérée comme une simple comarca de cette capitainerie; elle ne s'est vu élevée au rang des provinces du Brésil qu'en 1749.

L'homme intrépide qui s'était avancé dans ce pays à une époque où il devait être entièrement habité par les sauvages, rapporta dix octaves d'or, qu'il avait tirées avec un plat d'étain du fleuve des Aracis, et qu'il donna pour contribuer à faire un diadème à une statue de la Vierge.

Vers 1670, Bartholomeu Buenno, accompagné de son fils âgé de douze ans, étant arrivé à l'endroit où se trouve aujourd'hui bâtie la capitale, remarqua que les femmes de la nation *goya* s'ornaient avec de brillantes pépites qu'elles trouvaient dans les torrens.

Ce ne fut qu'après la découverte des mines de Guyaba, que le fils de Buenno se rappela cette circonstance; il en fit part au gouverneur Rodrigo-Cæsar de Menezès, qui l'envoya à la découverte en 1722, avec une nombreuse suite munie d'armes et de munitions.

Buenno ne se rappelait que d'une

manière très-imparfaite les lieux qu'il avait parcourus dans son enfance; aussi s'égara-t-il dans les vastes solitudes où il s'était enfoncé avec ses compagnons. Ceux-ci auraient voulu s'arrêter sur les bords d'un fleuve qu'ils avaient découvert au bout de quelques jours de marche, et qui contenait de l'or; mais il n'y consentit point, et continua à errer, jusqu'à ce qu'il fût convaincu qu'il était dans une direction opposée à celle du territoire des Goyas. Ce ne fut qu'après trois ans de recherches continuelles et infructueuses, que cet intrépide Certanista arriva à Saint-Paul, ne ramenant qu'une portion de sa troupe, que les fatigues et les maladies avaient singulièrement diminuée.

Buenno ne se décourageait pas facilement ; son courage et sa probité étaient connus ; il obtint du gouverneur une nouvelle troupe encore mieux munie que la précédente de ce qui était nécessaire pour traverser des déserts. Après quelques jours de la marche la plus pénible, au milieu d'obstacles sans nombre, il arriva à deux lieues de l'endroit où se trouve aujourd'hui située la capitale, et reconnut à quelques indices que l'endroit avait été habité par des Portugais. Deux vieillards indigènes ne tardèrent pas à confirmer le fait, et conduisirent Buenno dans l'endroit appelé aujourd'hui l'arrayal de *Ferreiro*, qu'il reconnut pour être celui où il s'était arrêté cinquante ans auparavant avec son père. Il ne tarda pas à faire les recherches les plus satisfaisantes, et revint à Saint-Paul apportant une certaine quantité d'or, pour retourner bientôt, avec l'emploi de *capitan-mor*, à l'établissement qu'il avait fondé.

Son premier soin, en arrivant au nouvel arrayal, fut d'établir des relations d'une amitié durable avec les Goyas, qui se trouvaient être les seuls habitans du district, et ont donné depuis leur nom à toute la province. La bonne harmonie fut un instant interrompue, parce que les sauvages craignirent qu'on n'en usât mal avec eux, comme l'avaient fait, selon toute apparence, des Européens qui avaient pénétré dans leur district bien des années auparavant. Ils ne tardèrent cependant point à demander la paix, lorsque l'on se fut emparé de quelques-unes de leurs femmes comme otages; et ils guidèrent les nouveaux explorateurs dans les endroits où se trouvait la plus grande quantité d'or; en effet, un des premiers tas de sable que l'on tira, rendit une demi-livre de paillettes.

La nouvelle de cette riche découverte, et les périls auxquels on s'exposait en se rendant aux mines de Guyaba dans le Mato-Grosso, firent accourir pendant deux ans un nombre infini d'habitans de Saint-Paul; et l'affluence augmenta à un tel point, que bientôt les vivres envoyés continuellement de cette capitale, ne furent plus suffisans, et qu'on éprouva une espèce de famine. Tout se payait littéralement au poids de l'or : l'alquiero de maïs, qui équivaut à notre ancien boisseau, pouvait coûter six ou sept octaves de ce métal. La même mesure de farine de manioc était encore plus chère d'un tiers ; une vache à lait qui arriva dans le pays fut vendue deux livres de pépites, et un porc à proportion ; une livre de sucre ne se donnait que pour deux octaves : on peut juger par là de la fortune que faisaient les mineurs et ceux qui pourvoyaient à leurs besoins.

Quelques hommes raisonnables commencèrent à cultiver le sol fertile des environs, au lieu de laver les sables aurifères ; et ils furent bientôt aussi riches que ceux auxquels ils vendaient le fruit d'un travail bien moins pénible que celui de la recherche des métaux.

La province de Goyas, que l'on considère comme la plus centrale du Brésil, est aussi une des plus vastes de cet immense royaume : au nord, elle confine avec le Paranna et le Maranham ; au couchant, elle touche au district de Guyaba dans le Mato-Grosso, et elle en est séparée par l'Araguaya ; au midi, elle a la Campuania, comarca de la même province, et elle se joint à peu près dans la même direction à Saint-Paul ; une vaste chaîne de montagnes, courant du nord au sud, la sépare de Minas-Geraës et de Pernambuco ; sa longueur, que l'on calcule du confluent de l'Araguaya avec le Tucantins ou Tocantin, jusqu'à celui du rio Pardo avec le Paranna, est d'environ deux cents lieues portugaises; sa largeur est proportionnée; mais les géographes ne la déterminent point encore exactement.

Le pays présente une surface assez inégale; cependant les montagnes y sont rares : on voit dans beaucoup d'endroits ce que l'on nomme au Brésil des *catingas*, espèces de landes fournissant un bois maigre et chétif. Le sol devient fertile seulement dans les endroits où s'élèvent les forêts qui sont assez rares, excepté vers les districts de la capitale, de Meia-Ponte, de Pilar et de Santa-Luzia sur les rives du rio Corumba. Le pays est assez tempéré, et il pleut seulement pendant les orages qui commencent en octobre et finissent en avril.

Les principaux fleuves qui prennent naissance dans cette capitainerie établissent des communications bien précieuses, puisque sans eux les habitans se verraient toujours obligés de traverser de vastes déserts où les chemins ne sont pas encore tracés. On distingue surtout le Tucantins, l'Araguaya, le Corumba, le Paranna et le Paranahyba.

Tout le territoire a été divisé, par un décret de 1809, en deux comarcas, dont l'une prend le nom de San-Joam-das-duas-Barras, tandis que l'autre conserve celui de la capitale; ils comprennent chacun huit *julgados* ou administrations de justice, dont l'étendue est très-inégale, et qui a été calculée d'après la population.

La *Corografia* dont nous empruntons ces différens détails fait diviser le pays en deux parties égales par le Tucantins.

Le district de l'orient et celui de l'occident sont subdivisés chacun en trois provinces moins considérables; c'est au premier qu'appartiennent la Gayaponia, Goyas, Nova-Beyra : on reconnaît pour être du second, Rio-das-Velhas, Paranna, Tucantins. Le gouvernement adoptera cette division, qui n'est probablement en usage que dans le pays.

Il n'y a encore sur cet immense territoire qu'un seul établissement ayant le titre de villa ; les autres juldagos sont des villages plus ou moins considérables. Villa-Boa, que nous allons faire connaître, est la capitale des deux comarcas ou ou vidories.

Cette petite ville, située dans un lieu bas sur les rives du rio Vermelho qui la divise en deux faubourgs de grandeur à peu près égale, n'est point très-bien bâtie pour le coup d'œil, et ne présente pas non plus beaucoup de solidité dans ses constructions. On remarque cependant plusieurs églises, un palais pour le gouverneur qui y fait sa résidence, une maison pour la fonderie de l'or, une fontaine, un jardin public et un petit fortin garni de deux pièces de canon, que l'on tire dans les jours de solennité. Les deux quartiers communiquent entre eux par trois ponts en pierre.

Villa-Boa est habité par un assez grand nombre d'officiers civils; et nous pensons que le comte dos Arcos a été son premier gouverneur. Celui qui remplit cette place préside les cinq députés qui forment le tribunal de la Real-Fazenda. Le chef du clergé est un prélat, évêque *in partibus*. Il est à remarquer qu'il n'existe point de couvens, ce que l'on doit attribuer à l'éloignement de toutes les villes importantes, puisque celle-ci se trouve située au centre de la province par les 16° 20' de latitude australe. Cependant les religieux seraient peut-être nécessaires plus que partout ailleurs, pour aller civiliser les sauvages.

Les chaleurs sont assez fortes dans le tems de la sécheresse, mais pendant la nuit il souffle des vents frais qui rafraîchissent l'atmosphère.

Les premiers explorateurs, comme nous l'avons déjà dit, trouvèrent une grande quantité d'or dans le pays d'alentour, ainsi que dans divers autres endroits du pays où ils pénétrèrent.

En 1753, la couronne perçut le quint le plus important qui lui eût été envoyé de cette province, car il s'éleva à cent soixante neuf mille quatre-vingts octaves d'or ; il fut bien moins considérable en 1807, et n'alla qu'à onze mille huit cent quatre-vingt-dix-neuf octaves. Quelques mineurs prétendent que les sables aurifères sont presque entièrement épuisés dans cette capitainerie. La diminution du métal est certainement sensible, à ce que dit M. Ayrès de Cazal, mais des hommes intelligens affirment que jusqu'à présent on n'a encore examiné que la superficie du sol, et que les véritables mines sont encore intactes dans l'intérieur des montagnes. Les paillettes trouvées dans les fleuves ou dans les campagnes étaient originairement à la superficie des hauteurs, d'où les pluies les ont fait descendre dans les vallées et en ont entraîné nécessairement un trop grand nombre, pour que la même quantité se trouve actuellement. Nous pensons néanmoins que la recherche de ces mines nécessitera des dépenses qu'il serait peut-être plus sage de consacrer à l'amélioration de l'agriculture.

Le district de la capitale n'a peut-être pas été le plus riche en or. Celui de Paranna a rendu des sommes énormes. L'arrayal d'*Agua-quente* (eau chaude), situé près d'un grand lac assez profond, dont les eaux sont échauffées probablement par des feux souterrains, était tellement renommé pour ses lavages, qu'on y vit arriver douze mille individus vers 1733. On trouva, entre autres pépites remarquables pour leur grosseur, un morceau d'or natif qui pesait quarante-trois livres, et fut envoyé à la cour sous la forme que la nature lui avait donnée. On prétend que les Français s'en sont emparés dans le musée de Lisbonne, où il avait été déposé, lorsque nos troupes arrivèrent.

Les richesses ne donnent malheureusement pas la santé, et l'on en eut une preuve bien fatale dans le beau canton dont nous avons tout à l'heure fait mention : il y eut une épidémie causée par les exhalaisons empestées des marais qu'avait formés la crue excessive du grand fleuve Maraham. On prétend qu'il y avait des jours où le nombre des morts se montait à plus de cinquante individus ; et l'on affirme dans le pays que l'arrivée d'un grand troupeau de bœufs venu de St.-Paul, fit cesser tout à coup la mortalité dans l'arrayal, où il campait pendant la nuit et paissait tout le jour.

Le lac d'eau chaude dont nous

avons déjà fait mention est peut-être le plus considérable de cette espèce que possède la province, mais ce n'est pas le seul; on en trouve, au contraire, un grand nombre auxquels on attribue des vertus très-efficaces dans différentes maladies. On remarque près de celui d'Agua-quente des cavernes effrayantes.

Le district arrosé par le rio das Velhas offre au voyageur le coup d'œil le plus imposant: en suivant la route qui conduit de Meia-Ponte à Saint-Paul, et qui est traversée par plusieurs fleuves, il arrive dans un endroit où le torrent das Furnas, après avoir coulé sur plan droit, se précipite tout d'un coup d'environ vingt brasses d'une hauteur à pic, et tombe dans un gouffre profond ; un peu au dessus du passage, une foule d'oiseaux font leurs nids dans les cavités du rocher, et élèvent leurs petits en toute sûreté sous la magnifique chute d'eau qui semble les protéger par sa zone brillante.

On raconte un fait qui se passa dans ce district vers le milieu du siècle dernier, et qui prouve combien certains indigènes ont aimé quelques Européens qui embrassaient leur genre de vie, devenaient leurs chefs et leur donnaient un commencement de civilisation.

Une tribu de *Bororos* accueillit un jeune Pauliste que ses déportemens avaient fait exiler dans l'intérieur des terres ; il les guida dans certaines expéditions, adopta une partie des usages qui les distinguaient, et ne tarda pas à s'en faire chérir. Il vécut avec eux jusqu'à l'âge de cinquante ans sans vouloir retourner parmi les Paulistes ; à cette époque, comme il commandait les siens dans un combat contre les *Cayapos*, il reçut une flèche qui lui traversa le bras. Ses guerriers le soignèrent pendant plusieurs jours, en appliquant, selon leur usage, du lard chaud sur la plaie, jusqu'à ce qu'ils fussent parvenus à Minas-Geraës dans un établissement portugais, où ils espéraient lui procurer des soins plus efficaces. Tous les remèdes furent inutiles, il mourut. Les sauvages furent inconsolables et pleurèrent, pendant un mois entier, cet homme qu'ils étaient accoutumés à regarder comme leur père.

Outre les Bororos et les Goyas,

le pays était dominé par plusieurs autres nations indigènes, qui errent encore dans quelques districts presque entièrement déserts. On cite comme les plus nombreux, les *Chavantes*, voisins des *Pochetys*, des *Noroguagès*, des *Appynagès*, des *Caragas*, des *Cortys* et des *Xerentes*.

Les Cayapos qui habitent la Cayaponia, à laquelle ils ont donné leur nom, ont plus d'une fois inquiété les convois venant de Guyaba dans le Mato-Grosso. Outre l'arc et la flèche, ils font usage, comme les anciens Tupis, d'une espèce de massue tranchante, qui devient terrible entre leurs mains, et qu'ils semblent prendre plaisir à orner avec des nattes d'écorces tressées fort adroitement. Quelques tribus de cette nation vinrent, en 1781, s'établir à treize lieues de la capitale, et leur nombre s'accrut bientôt considérablement ; ils étaient dirigés par quelques chefs, dont l'un se trouvait avoir les cheveux crépus comme un mulâtre ; quelques boiteux et quelques aveugles dont ils prenaient soin, indiquent que les lois de l'humanité sont plus respectées parmi eux que chez d'autres nations indigènes. Ils apprirent bientôt différens métiers, et les femmes furent employées à filer du coton. Cependant le village n'a pas beaucoup prospéré, peut-être à cause du peu d'encouragement donné à ses habitans.

Nous avons cité cet exemple comme une preuve de la facilité qu'il y aurait à civiliser différentes tribus avec une bonne administration, surtout quand elles viennent d'elles-mêmes chercher l'assistance des blancs.

Outre l'or que le pays fournissait, comme on l'a vu, en assez grande abondance, on a trouvé des diamans assez gros, offrant peut-être plus d'éclat que ceux du Serro-do-Frio, mais n'étant pas d'une eau aussi pure.

Il paraît que la province n'a point fourni jusqu'à présent de pierres de couleur. Le sol contient plusieurs substances infiniment plus utiles, telles que du granit, de la pierre calcaire, de l'ardoise, du sel gemme et du fer, ainsi que diverses argiles.

Les forêts de Goyas sont tellement éloignées du bord de la mer, que la plupart des beaux arbres qu'elles produisent deviennent parfaitement inutiles pour la teinture ou la construction : c'est ainsi que le bois du Brésil, si recherché dans les ports, croît uniquement pour les indigènes dans cette capitainerie déserte, ainsi qu'une grande variété de plantes médicinales.

Outre les bananes, les mangaves, les gouyaves, les oranges, les coings et un fruit qui a le goût de la marmelade, et qui paraît être particulier au pays, la vigne, dans plusieurs endroits, fournit du raisin en abondance deux fois l'année. Celui que l'on récolte dans la saison sèche sert à faire du vin, qui, probablement par le manque d'habitude des habitans, n'a pas acquis encore le degré de perfection auquel il pourra parvenir. Le *cactus opuncia*, sur lequel se nourrit la cochenille, fournirait avec l'indigo une nouvelle branche de commerce, mais on ne s'en occupe malheureusement en aucune façon, quoique ce soient à peu près les deux seuls produits que les colons puissent conduire dans les ports avec avantage, en raison de leur volume peu considérable.

M. de Saint-Hilaire, qui a pénétré dans cette capitainerie en 1819, dit qu'il a été étonné de voir si peu de mammifères; il a cependant rapporté quelques bimanes, des tapirs, des cerfs; et la *Corografia* affirme que l'on y trouve la plupart des animaux communs aux provinces limitrophes, mais qu'ils sont généralement chassés de tous côtés. Les perdrix s'y trouvent en abondance ; et le hocco y fait continuellement retentir les forêts de son cri lugubre. Sa chair, extrêmement recherchée, a la plus grande analogie avec celle du dindon.

Les bœufs et les chevaux, destinés à être exportés sur le bord de la mer, sont les seuls animaux domestiques que l'on prenne soin d'élever en grand nombre.

Voilà à peu près les détails les plus intéressans que nous avons pu recueillir sur Goyas, dont jusqu'à présent on a dit à peine quelques mots ; il est probable que plusieurs voyageurs, dont on attend de jour en jour les différentes relations, feront mieux connaître ce pays curieux, surtout, à ce qu'il nous semble, à cause des nombreuses tribus de sauvages qui l'habitent encore, et dont on ne connaît guère que le nom.

—

CHAPITRE XV.

Mato-Grosso.

La province de Mato-Grosso est sans contredit la plus vaste et la moins peuplée de tout le Brésil ; elle comprend un territoire plus considérable que celui de l'ancienne Germanie, et gît entre le parallèle de sept degrés de latitude australe, qui la divise de la capitainerie du Para, et celui de vingt-quatre et demi, où elle touche au district du Paranna. A l'occident, elle est séparée des possessions espagnoles par le Guaporé, le Jauru et le Paraguay ; à l'orient, le rio Paranna la divise de la province de Saint-Paul, et l'Araguaya lui sert de limites avec celle de Goyas : ces différentes rivières l'entourent d'une espèce de tranchée naturelle, d'environ cinq cents lieues de circuit.

On a toujours considéré cette capitainerie, par sa position géographique, comme le boulevart du Brésil ; elle empêche les Espagnols de pénétrer dans les établissemens portugais avec autant de facilité qu'ils pourraient le faire si elle était mieux peuplée ; et elle offre des terrains d'une fertilité admirable, qui, par par leur éloignement, permettront quelque jour à la métropole d'établir des colonies dans le royaume même, et d'avoir des communications continuelles avec le Pérou.

La nature semble avoir voulu diviser cette vaste contrée en trois grands districts, dont chacun se subdivise en un nombre égal de comarcas appelés Juruenna, Arinos, Tappiraquia, Camapuania, Mato-Grosso, Guyaba et Bororonia, dont on a à peine exploré jusqu'à présent les lisières, et qui ne sont point encore dirigées chacune par leur ouvidor.

Plusieurs fleuves considérables les font communiquer entre elles; mais des nations sauvages empêchent d'y pénétrer, et sont quelquefois fatales aux nouveaux colons qui tentent de s'y établir.

Ce pays, dont le nom signifie en

portugais la grande forêt, fut découvert par un certain Aleyxo-Gracia qui, accompagné de son fils et suivi d'une nombreuse suite d'indigènes, passa vers le milieu du seizième siècle au delà du Paraguay, et pénétra jusque dans le voisinage des Andes.

Plusieurs autres Paulistes commencèrent à y faire des voyages à différentes époques, et furent amplement dédommagés de leurs peines par la quantité d'or qu'ils rapportèrent.

Il s'établit insensiblement sur les rives du Guyaba une espèce de petite colonie, qui envoya demander à Saint-Paul des secours, en lui faisant part des riches découvertes qu'elle avait faites. Vers 1719, plusieurs habitans de cette ville se mirent en marche pour le Mato-Grosso et formèrent diverses caravanes dont aucune n'arriva à Guyaba sans avoir éprouvé beaucoup de pertes.

Ce fut à peu près vers cette époque que deux nouveaux colons, conduits par quelques indigènes domestiques, trouvèrent dans une forêt, à peu de distance de l'établissement, une telle quantité de pépites, que dans une journée l'un d'eux parvint à en rassembler seize livres, et l'autre environ quatre cents octaves.

Cette nouvelle découverte ne tarda pas à se répandre parmi les habitans du village, qui transportèrent leurs habitations dans ce nouvel Eldorado, que l'on commença à exploiter, et qui rendit dans l'espace d'un mois des sommes vraiment incroyables.

Le gouvernement voulut alors percevoir ses droits, et envoya, comme chargés de recevoir le quint, deux Paulistes qui commirent une foule d'exactions, et voulurent exclure des mines tous ceux qui n'étaient pas leurs compatriotes ; mais ils furent renversés au bout de quelque tems, et payèrent de leur vie les crimes qu'ils avaient commis à différentes époques.

Les droits imposés sur le lavage de l'or firent entrer, dans le trésor de Saint-Paul, des richesses si considérables, que tout le monde voulut participer, dans cette capitale, aux avantages immenses offerts par les nouvelles mines ; mais sur trois cents personnes qui en sortirent en 1720, pour entreprendre le grand voyage du Mato-Grosso, il n'échappa que trois noirs et un blanc, qui purent se soustraire à la fureur des indigènes.

Vers l'année 1720, le village reçut le titre de bourg, et fut désigné sous le nom de Villa-Real-de-Guyaba. Il commença a être administré avec une sorte de régularité, et ne tarda pas à devenir très-florissant ; mais les flottilles expédiées pour Saint-Paul furent presque toujours attaquées par les anciens dominateurs du pays, qui forment, encore aujourd'hui, deux nations considérables, sur l'une desquelles nous avons des détails du plus grand intérêt que nous nous empressons de consigner ici.

Les Payagoas et les Guaycourous paraissent s'être partagés, de tout tems, la possession de ce beau pays. Les premiers étaient maîtres de la navigation du rio Paraguay et de ses affluens, tandis que les autres possédaient un territoire d'au moins cent lieues, dans le voisinage de ce beau fleuve.

Montés sur des canots creusés dans un seul tronc d'arbre, et armés d'arcs et de flèches, les Payagoas interceptaient aux Portugais le passage du fleuve, sur lequel ils étaient nécessairement obligés de naviguer pour se rendre à la nouvelle colonie. Les armes à feu les effrayèrent d'abord, mais ils finirent par ne plus les redouter, et devinrent plus à craindre que jamais; ils se contentaient néanmoins, après le combat, de faire leurs ennemis prisonniers, et n'étaient point dans l'usage de les dévorer, comme les autres nations brésiliennes.

Quoiqu'ennemis des Guaycourous, ils s'allièrent avec eux, vers 1725, contre les nouveaux explorateurs; mais ils ne tardèrent pas à s'en repentir, car ils donnèrent à ceux-ci les moyens de devenir aussi puissans sur le fleuve qu'ils l'étaient déjà sur terre. Ces deux nations unies devinrent le plus terrible fléau que pussent redouter les flottilles de Saint-Paul et de Guyaba, jusqu'en 1768, époque à laquelle les Payagoas rompirent les traités et descendirent dans le bas

Paranna, où ils s'assujettirent aux Espagnols, sous la protection desquels ils vivent encore maintenant.

Les Guaycourous, que l'on désigne également sous le nom d'Indiens cavaliers, sont restés maîtres du pays, et semblent vouloir s'y maintenir par une organisation sociale inconnue aux autres nations aborigènes.

Cette grande nation est répartie aujourd'hui en trois tribus, ennemies les unes des autres, mais conservant absolument les mêmes habitudes, la même religion et le même langage. La première vit le long des rives occidentales du Paraguay ; la plus méridionale reçoit des Espagnols le nom de *Lingoas*, et parcourt la province de Santa-Cruz de la Sierra, tandis que celle dont nous allons parler habite aussi les rives orientales du Grand-Fleuve, et se partage en deux hordes différentes, dont l'une est alliée aux Espagnols, et l'autre aux Portugais. Celle-ci, qui domine le territoire compris entre le rio Mondego et la partie la plus sud du Brésil, est répartie en sept peuplades, habitant un nombre égal de villages, et restant parfaitement en paix les unes avec les autres.

Les Guaycourous sont en général d'une moyenne stature, mais bien faits, robustes, et paraissant propres à toute espèce d'exercices : ils se peignent le corps en noir et en rouge avec symétrie, et leur figure garde à peu près le même caractère que celles des autres peuples de l'Amérique. Quoique les jeunes gens n'aient point d'usage particulier dans la manière dont ils s'arrangent les cheveux, les vieillards rasent les leurs en couronne. Les deux sexes en général se défigurent par une espèce de tatouage, et se percent les lèvres pour y introduire un petit cylindre de bois de trois pouces de longueur et de la grosseur d'une plume à écrire ; les individus les plus riches portent cet ornement en or.

Les hommes n'ont ordinairement pour tout vêtement qu'une ceinture de coton, de la largeur d'une palme, qui leur cache le milieu du corps ; mais ils ornent leur tête, leurs bras et leurs cuisses de plumes de différentes couleurs, et s'entourent d'une foule de colliers qu'ils obtiennent par leur commerce avec les Européens.

Les femmes n'ont point une physionomie agréable, et la rendent encore plus extraordinaire en se rasant ou s'épilant les cheveux, de manière à ne laisser qu'une couronne de trois pouces qui garnit le sommet de la tête; leur visage conserve en outre toujours une teinte cendrée, parce qu'elles sont dans l'usage de se piquer l'épiderme avec une épine, d'y introduire une espèce de couleur, et de former des raies qui commencent à la racine des cheveux, et se terminent aux paupières ou au menton, où elles forment de petits carrés semblables à ceux d'un échiquier.

Leur vêtement ne manque pas

d'une certaine grâce ; elles s'enveloppent depuis la poitrine jusqu'aux pieds dans une grande pièce de toile de coton rayée de différentes couleurs, et portent en dessous une ceinture très-large, nommée *ayulate*, que jamais les jeunes filles ne quittent depuis leur naissance. Leurs joyaux sont de petits cylindres d'argent, enfilés les uns au bout des autres, et formant une espèce de chapelet qu'elles portent autour du cou, ainsi qu'une plaque du même métal qui tombe sur la poitrine ; elles ont aussi des espèces de bracelets aux bras et aux jambes ; et il ne manque rien à leur parure quand leurs oreilles sont ornées de demi-lunes en or.

Les individus des deux sexes vont

continuellement à cheval (1) ; mais ils n'usent en aucune façon de selle ni d'étriers, et se contentent pour bride d'une espèce de licou formé par deux cordes d'*acropata*; les femmes se tiennent entre deux bottes de foin sur une espèce de couverture, et aiment singulièrement, ainsi que les hommes, à aller au galop. Quand elles veulent monter sur leur coursier, on les voit saisir l'animal par la crinière, lever en arrière la jambe gauche, qu'un homme prend et sou-

---

(1) Il faut remarquer que ces indigènes n'ont pu adopter cet usage que depuis l'arrivée des Européens, puisque les chevaux étaient précédemment inconnus dans toute l'Amérique.

Femme Sauvage, montant à Cheval.

LE BRÉSIL.

tient dans sa main, et s'élancer avec rapidité sur le dos du cheval. (*Voyez la gravure en regard.*)

Les armes des guerriers sont assez nombreuses ; ils font usage de l'arc, de la flèche, d'une espèce de massue, d'une lance qui peut avoir environ douze pieds de longueur, et d'un grand couteau de chasse.

Leurs aldées ne restent point toujours dans le même endroit ; mais ils ont ordinairement soin de les élever sur le bord de quelque rivière. D'un moment à l'autre on peut voir disparaître ces espèces de villes ; et les campagnes, qui étaient animées quelque tems auparavant par une nombreuse population, n'offrent plus que l'aspect d'un désert.

Les rues de chaque bourgade sont

très-larges et parfaitement droites ; mais les maisons, comme celles de tous les peuples nomades, méritent à peine ce nom. Les habitations des Guaycourous sont recouvertes avec des espèces de nattes en jonc, posées horizontalement pendant les tems secs, et sur un plan incliné lorsqu'il vient à pleuvoir. L'eau pénètre cependant intérieurement pendant les orages, et l'on est obligé de l'éponger ou de la vider avec certains vases destinés à cet usage. Les cabanes des gens aisés sont plus à l'abri de cet inconvénient et des chaleurs extrêmes, parce qu'on les recouvre ordinairement de nattes placées au dessus les unes des autres à différens intervalles.

Ces indigènes ne se servent point

de hamacs, comme le font plusieurs nations infiniment moins avancées que la leur dans la civilisation ; ils dorment sur des cuirs étendus à terre, se couvrent des vêtemens des femmes, et posent leur tête sur les petites bottes de foin avec lesquelles elles montent à cheval.

Ils ne s'occupent en aucune façon de l'agriculture ; mais ils élèvent la plupart des animaux venus d'Europe, ainsi que ceux du continent qui sont susceptibles de vivre dans la domesticité ; aussi possèdent-ils de nombreux troupeaux qui servent à leur nourriture : outre cela, les hommes s'occupent de la chasse, de la pêche et de la recherche du miel et des fruits sauvages.

La principale occupation des femmes, qui en général sont infiniment moins malheureuses que celles des autres nations, consiste à filer le coton et à en fabriquer des étoffes, à faire de la poterie, des nattes, et à s'occuper de concert avec les hommes de la préparation des alimens.

Les Guaycourous sont d'une fierté extrême, et savent se faire redouter de toutes les peuplades du voisinage, sur lesquelles l'habitude où ils sont de combattre à cheval leur a donné une grande supériorité. Chaque petite tribu habitant une bourgade, se divise en trois castes particulières, qui toutes obéissent à un chef, auquel elles sont entièrement subordonnées. Les nobles forment la première classe et prennent le titre portugais de *capitams*, ou capitaines, tandis que leurs femmes reçoivent celui de *donnas*. Les simples guerriers composent le second ordre; et le troisième, infiniment plus nombreux, ne compte que des esclaves : ils sont pris dans les combats, ou descendent d'anciens prisonniers de guerre, et ont entièrement adopté les mœurs et le langage des vainqueurs.

Ces indigènes croient à l'existence d'un être créateur de toutes choses, mais ils ne lui offrent aucune espèce de culte, même dans les circonstances les plus importantes de la vie. Ils reconnaissent aussi le pouvoir d'un esprit d'un ordre inférieur, qu'ils nomment *Nanigogigo*, et auquel ils accordent une intelligence infinie, ainsi que la connaissance des événemens futurs. Comme les Tupis, ils admettent l'immortalité de l'ame, mais ils semblent n'avoir aucune idée des châtimens ou du bonheur éternel qui doivent la punir ou la récompenser ; et ils sont fermement persuadés que les capitams, après leur mort, jouiront de toutes sortes de plaisirs, de même que les prêtres, tandis que les simples guerriers et les esclaves ne cesseront point d'errer autour du cimetière.

Comme chez la plupart des peuples encore dans l'enfance, il existe parmi les Guaycourous certains imposteurs qui se prétendent en relation avec les intelligences supérieures. Ces espèces de charlatans, appelés *hounigenitos*, s'occupent du grand art de guérir, et ont persuadé au peuple qu'ils étaient surtout favorisés du

Nanigogigo, par le moyen duquel ils acquièrent la connaissance de l'avenir. S'il s'agit de connaître le bon ou mauvais succès d'une guerre nouvellement entreprise, s'il faut prédire la mort ou la guérison d'un malade, ils tirent leurs principaux présages du chant d'un oiseau nommé *macauhan*, qu'ils écoutent pendant une journée entière, tantôt en secouant une espèce de maraca, tantôt en appelant le Nanigogigo, pour qu'il interprète les chants qui se font entendre.

Ces mêmes individus, lorsqu'ils cherchent à guérir quelques maladies, n'emploient aucune espèce de breuvages ou de médicamens tirés des simples ; ils se contentent de sucer la partie douloureuse et de cracher leur salive dans un trou après cette opération.

Quoiqu'ils aient l'habitude de se divertir dans une foule de circonstances, ils ne conservent qu'une seule fête périodique, qui a lieu vers l'époque où paraissent les Pléiades; ces étoiles indiquent le tems de la récolte des bocayuvas (1), et donnent le signal des jeux et des danses, qui durent pendant plusieurs jours.

Une coutume affreuse empêche que ce peuple ne devienne aussi puissant qu'il devrait l'être, et semble devoir le conduire à un anéantisse-

---

(1) Espèces de cocos dont ils font une partie de leur nourriture.

ment presque total. Les jeunes femmes sont dans l'usage de se faire avorter aussitôt qu'elles ont conçu, et n'élèvent leurs enfans que lorsqu'elles ont acquis l'âge de trente ans.

Il ne faudrait point juger des sentimens du père et de la mère par l'acte de barbarie que nous venons de citer, car ils paraissent chérir avec la plus vive tendresse les enfans des deux sexes, auxquels ils s'empressent d'enseigner tous les talens qu'ils tiennent de leurs ancêtres, et qui les distinguent des autres indigènes.

Chaque guerrier ne doit prendre qu'une seule femme, mais il peut la répudier et contracter une nouvelle alliance. Le même pouvoir est dévolu à l'épouse ; cependant il est rare que ces sortes de séparations viennent troubler la bonne intelligence qui règne dans la tribu. La cérémonie du mariage consiste à donner un grand banquet, où sont conviés tous les parens et les amis de ceux qui vont s'unir. Il est d'usage de jeter pendant le festin une grande quantité de feuilles.

Dans une notice qui se rapporte parfaitement aux documens que nous avons sous les yeux, et que M. Malte-Brun a insérée dans ses *Nouvelles Annales des voyages*, M. Alvez-do-Prado cite un trait qui prouvera avec quelle force l'amour exerce son empire sur les femmes guaycourous.

« Deux chefs, liés de la plus étroite
» amitié, avaient, l'un une fille nom-
» mée Noniné, l'autre un fils nom-

« mé Paninioxé. Ces deux enfans
« montrèrent, dès l'âge le plus tendre,
« la plus vive affection l'un pour
« l'autre : leur passion ne fit que s'ac-
« croître à mesure qu'ils grandirent ;
« enfin ils se marièrent. Ils vécurent
« très-heureux pendant quelques an-
« nées. Etant venus, en 1791, au
« presidio de Nova-Coimbra, Pani-
« nioxé se distinguait de tous ses
« compatriotes par sa tournure avan-
« tageuse, Noniné par sa beauté et
« sa décence. Cependant Paninioxé
« finit par se lasser de sa femme,
« et se sépara d'avec elle ; elle alla
« le trouver et lui représenta son
« injustice, mais il persista dans sa
« résolution, ensuite il quitta le
« canton qu'il habitait, et alla se
« fixer sur la rive occidentale du Pa-

» raguay. Noniné devint mélanco-
» lique, et ne cessa de répandre des
» pleurs en secret, car elle s'effor-
» çait de cacher sa douleur à ses
» amies. Trois mois s'étaient ainsi
» passés. Un jour qu'elle était cou-
» chée, on vint lui annoncer que son
» infidèle s'était marié avec une fille
» de basse naissance; elle se leva
» soudain sur son séant, appela un
» petit Indien qui était son esclave,
» et lui dit, en présence de tous
» ceux qui se trouvaient là : Anta-
» cricès, tu es mon esclave; eh
» bien! je te donne la liberté, à
» condition que, tant que je vivrai,
» je t'appellerai Paninioxé. Puis la
» douleur l'emportant, elle se mit à
» pleurer à chaudes larmes. En vain
» elle voulut en arrêter le cours; le

» combat de l'amour offensé lui causa
» une fièvre ardente, qui la mit au
» tombeau le lendemain. A son der-
» nier soupir, elle appelait en-
» core Paninioxé, en lui reprochant
» son infidélité. Celui-ci, malgré
» son inconstance, donna de vifs
» regrets à la mémoire de No-
» niné. »

Il y a dans chaque aldée une espèce de grand hangar couvert de nattes, qui sert de cimetière général. Chaque famille y choisit le lieu de sa sépulture, et le désigne par des poteaux ; si c'est une jeune fille d'un certain rang qui vient de mourir, on s'empresse de la peindre comme de son vivant ; elle est revêtue de ses plus riches parures, et les bracelets qu'elle a portés ornent encore ses jambes et ses bras. On la recouvre d'une natte fine, et l'un de ses parens la porte à cheval à sa dernière demeure, et l'on place sur sa fosse le rouet avec lequel elle filait le coton, ainsi que le vase où elle buvait. Les funérailles d'un guerrier connu par sa bravoure offrent une certaine pompe ; les armes ainsi que les vêtemens dont il a fait usage pendant sa vie sont déposés sur sa tombe Quand une famille a perdu quelqu'un de ses membres, elle fait entendre des lamentations pitoyables ; les femmes s'abstiennent de toucher aux mets qu'elles préfèrent ; elles ne se lavent ni le corps ni le visage, et cessent de se peindre jusqu'à ce qu'un parent les prie de modérer leur affliction.

La langue de cette nation abonde surtout en voyelles, et se fait distinguer par la douceur de sa prononciation. Les hommes et les femmes, comme parmi d'autres peuplades de l'Amérique, ont une manière différente de s'exprimer dans beaucoup de circonstances. Les guerriers, par exemple, s'ils partent pour quelque endroit éloigné de la tribu, expriment les paroles *adieu, je m'en vais,* par *sara gigo oipilo*, tandis que les femmes, pour dire absolument la même chose, prononcent *sara gigo ioy* : outre cela, ils savent parfaitement s'entendre par des sifflemens convenus.

Ils ne chantent pas, mais ils paraissent éprouver la plus vive émotion en entendant les airs portugais, et il n'est point rare alors de leur voir verser des larmes.

Leurs divertissemens se font remarquer par un caractère tout-à-fait particulier dans leurs grandes fêtes ; ils ont des espèces de tournois, et les individus des deux sexes montés à cheval exécutent des courses, ou figurent des combats.

Pendant les belles soirées où la lune brille de tout son éclat, les jeunes gens ont coutume de s'assembler devant les cabanes pour se divertir ; mais souvent leurs yeux portent un caractère d'enfantillage qui fait sourire les hommes civilisés. Partagés en deux bandes, ils s'adressent toutes sortes d'injures, et proclament vainqueurs ceux qui ont dit les plus grossières. Il suffit pour se séparer dans un rassemblement nombreux, qu'un des hommes les plus considérés de la troupe se lève et dise : « Nous en allons-nous ? » tout le monde se retire en lui répondant affirmativement. Leurs divertissemens ne sont point de très-longue durée, mais ils se répètent assez fréquemment. Les deux sexes font le plus grand usage du tabac, et s'enivrent quelquefois avec une sorte d'hydromel.

Lorsque les guerriers partent pour quelque expédition, ils choisissent pour chef le plus jeune des capitaines, et les plus âgés doivent l'aider de leurs conseils. Leur tactique consiste en général à faire tomber dans des piéges les ennemis qu'ils veulent combattre. S'ils sont en marche, ils ont l'habitude de se nouer autour du corps un cordon qu'ils serrent à mesure que les vivres viennent à leur manquer ; ils passent à droite dans cette espèce de ceinture leur masse d'arme, qui consiste en un bâton pesant ; leur coutelas est à gauche, et ils brandissent leur lance d'une main, tandis que l'autre sert à guider le cheval ; quelques-uns portent des espèces de casaques de peau d'once, qui leur descendent jusqu'aux genoux, et dans leur opinion les rendent presque invulnérables.

Ils ont, comme nous l'avons déjà dit, fait éprouver toutes sortes de dommages aux Portugais avant que de former une alliance durable avec eux : on prétend qu'en 1775 ils tuèrent plus de quatre mille personnes, et qu'on pouvait évaluer à une somme de trois millions de cruzades les marchandises tombées entre leurs mains. Ce fut en grande partie pour protéger le commerce que le gouvernement voulut faire établir un Présidio dans le district de Fecho-dos-Morros, au dessous de l'embouchure marécageuse du Tacoary et de l'Embotaeu. L'officier chargé de l'entreprise n'alla pas tout-à-fait aussi loin que le portaient les ordres du gouverneur de Mato-Grosso, et il construisit le fort de Nova-Coimbra, seize lieues au dessous de l'embouchure du Tacoary, dans un endroit où deux montagnes peu considérables se prolongent parallèlement à la côte. Le territoire est inondé pendant sept mois de l'année, et il y a quelques exemples que les eaux l'aient couvert pendant deux ans ; aussi n'est-il propre ni à l'agriculture ni à l'éducation des bestiaux : c'est du reste l'établissement le plus méridional des Portugais sur le Paraguay, puisqu'il se trouve situé par les 19° 55′ de latitude australe.

Le commandant de ce Présidio avait reçu des ordres exprès de traiter avec la plus extrême douceur les Guaycourous qui viendraient le visiter ; aussi leur fit-il des présens capables de gagner leur amitié lorsqu'il eut occasion de les voir ; mais ces perfides indigènes payèrent son accueil de la plus horrible ingratitude, et donnèrent une preuve de la défiance que doivent inspirer les sauvages, même lorsque l'on est en paix avec eux. M. Alvez do Prado rend compte de cet événement avec l'exactitude que peut mettre l'homme qui se trouve sur les lieux, et nous croyons faire plaisir à nos lecteurs en le laissant parler.

« Le 6 janvier 1777, dit-il, les
» Guaycourous se présentèrent au
» Présidio accompagnés de leurs
» femmes ; ils avaient avec eux des
» moutons, des poules, des peaux
» de cerfs et diverses bagatelles, pour
» faire des échanges. Le comman-
» dant leur fit dire de camper à trois
» cents pas du Présidio, ordonna à
» un adjudant de sortir avec douze
» hommes armés, pour protéger
» quiconque voudrait trafiquer avec
« les sauvages, et lui recommanda
» la plus grande prudence. Celui-ci,

» après avoir pris son poste, fit met-
» tre les armes en faisceau, et plaça
» une sentinelle auprès. Le chef des
» Indiens et son interprète entrè-
» rent dans l'intérieur de la palis-
» sade pour parler au commandant.
» Les Guaycourous, restés en de-
» hors, prièrent l'adjudant de retirer
» la sentinelle et de faire couvrir les
» armes, parce que les femmes en
» étaient effrayées, faisant observer
» qu'eux-mêmes n'avaient que leurs
» bâtons et leurs couteaux, deux
» armes que les Portugais ne crai-
» gnaient point. L'adjudant, pour
» leur complaire, eut la faiblesse de
» condescendre à leurs prières; alors
» ils semblèrent devenir plus con-
» fians, et invitèrent même les sol-

» dats à se reposer en s'appuyant
» sur les genoux de leurs femmes (1).
» Le trafic s'anima; on fit des cadeaux
» aux femmes : quelques-unes remer-
» cièrent les larmes aux yeux, parce
« qu'elles prévoyaient que l'issue de
» tout cela serait lamentable ; mais
» les Portugais croyaient qu'elles
» pleuraient parce que les hommes
» les contraignaient à leur donner
» des marques d'amitié. Les Guay-
» courous s'approchèrent toujours

---

(1) Ces indigènes sont dans l'usage, quand ils restent dans leur cabane, de poser leur tête sur les genoux des femmes; celles-ci leur peignent le corps et le visage, et leur arrachent la barbe, les sourcils et les cils pour recevoir à leur tour le même service.

» davantage des soldats, et, comme
» par amitié, leur posèrent les mains
» sur les épaules en les secouant,
» mais c'était pour connaître leur
» force individuelle ; et quand ils
» l'eurent en quelque sorte évaluée,
» il resta près de chacun un nombre
» suffisant de sauvages pour en venir
» à bout. Tous ces préliminaires
« n'éveillèrent pas le moindre soup-
» çon chez les Portugais. Sur ces
» entrefaites, le commandant, qui
» croyait son monde bien en sû-
» reté en dehors de la palissade,
» régalait le chef guyacourou et son
» interprète ; à leur départ il leur
» fit des présens. A peine ceux-ci
» furent-ils à moitié chemin, qu'ils
» poussèrent un sifflement aigu ; à ce
» signal, chaque sauvage égorgea la

» victime qui lui était échue. Quel-
» ques Portugais expirèrent même
» sur les genoux des femmes qui
» aidèrent à les tuer. L'adjudant,
» homme grand et vigoureux, se
» défendit en reculant pendant plus
» de quarante pas ; enfin, un sau-
» vage lui donna par derrière un
» coup sur la jambe et le fit tomber :
» aussitôt ces barbares se précipi-
» tèrent en foule sur ce malheureux
» et l'achevèrent. Ceci se passa à
» l'instant où la garnison du Présidio
» dio venait à son secours ; mais les
» sauvages avaient mis tant de promp-
» titude à exécuter leur coup, qu'a-
» vant que le secours arrivât ils
» avaient eu le tems de s'enfuir avec
» les habits et les armes des per-

» sonnes massacrées. Quarante-cinq
» Portugais périrent dans cette fu-
» neste journée. »

Ils furent, à ce qu'il paraît, plusieurs années sans oser se présenter à aucun établissement, jusqu'à ce que, en 1791, Emavidi Channé et Queyma, deux chefs reconnus pour être les plus considérés de toute la nation, vinrent à Villa-Bella de Mato-Grosso, accompagnés de dix-sept guerriers et d'une négresse créole qu'ils avaient faite esclave pour leur servir d'interprète ; ils se présentèrent au gouverneur, et offrirent, en présence du conseil, de faire alliance avec les Portugais, et de se regarder à perpétuité comme relevant de la couronne : on leur remit dans cette circonstance des lettres qu'ils gardent avec le plus grand soin, et dont nous donnons la teneur :

« Nous, Joam d'Albuquerque de Mello-Pereyra-Caceres, conseiller de sa majesté, chevalier de l'Ordre de Malte, etc., etc., gouverneur et capitaine-général des capitaineries de Mato-Grosso et Guyaba, faisons savoir à tous ceux qui verront les présentes lettres, que les Indiens de la nation des Guaycourous, connus sous le nom de cavaliers, ayant contracté solennellement une paix perpétuelle avec les Portugais, dans un traité fait au nom de la nation par Joam Queyma d'Albuquerque (1) et

---

(1) Queyma avait voulu s'appeler ainsi ; Emavidi Channé avait adopté l'autre nom.

Joaquim-Jozé Ferreyra, où ils ont promis d'avoir dorénavant une aveugle obéissance aux lois de sa majesté, comme étant vassaux de son royaume; ordonnons à tous les officiers civils et militaires des possessions de sa majesté très-fidèle de les reconnaître, traiter et secourir comme de véritables amis; en foi de quoi nous avons signé la présente lettre, et y avons apposé nos armes. Fait dans cette capitale de Villa-Bella le 30 juillet 1791 (1). »

La *Corografia* offre des détails sur Villa-Bella, que nous avons fait connaître dans notre traduction de

---

(1) Ce traité, conclu avec un peuple sauvage, a quelque chose de remarquable ; il n'est pas bien sûr qu'il en comprît tous les articles.

Mato-Grosso, insérée dans les *Nouvelles Annales* de MM. Eyriès et Malte-Brun : nous allons les donner ici réunis à quelques autres documens.

Villa-Bella, que l'on considère comme la capitale de cette immense province, n'est pas même un bourg très-considérable, qui se trouve situé dans le district même de Mato-Grosso ; il est bâti sur les rives du Guaporé, dans un terrain plat, où il éprouve des inondations lors des crues du fleuve ; ses rues sont assez belles ; ses maisons n'ont qu'un seul étage ; elles sont construites en terre, mais on a soin de les blanchir avec le *tabatinga* : on remarque plusieurs églises et un bâtiment destiné à la fonte de l'or. Le gouverneur fait sa résidence à Villa-Bella, ainsi que l'ouvidor, qui doit avoir de nombreuses occupations, à en juger par ses titres : selon notre ouvrage, il cumule les charges de conservateur du bien des absens, de juge de la couronne, et a le droit de paraître à la *relaçaon* de Bahia, en robe et sur les premiers bancs. Le sénat est présidé par un juiz de fora, chargé de l'administration du bien des orphelins, procureur de la couronne, inspecteur de la fonderie, député des juntes de l'administration, de la fazenda réal et de la justice, etc., etc.

On ne trouve point de fontaines à Villa-Bella, mais on y boit de l'eau du Guaporé, qui est excellente. Cette belle rivière, dont le cours est si intéressant par les communications qu'elle peut établir, prend ses sources à vingt-huit lieues au nord-est de Villa-Bella : après un long cours, pendant lequel elle semble s'unir au Paraguay par un bras, elle forme, avec le Mamoré, le majestueux rio Madeira, qui court au nord pour se perdre dans l'Amazone.

Les rives du Guaporé sont presque partout marécageuses, de même que celles des rivières qui viennent y porter le tribut de leurs eaux; et il y règne des maladies extrêmement fatales aux Européens.

Le rio Jauru, qui est aussi d'une grande importance, prend naissance dans les campagnes des Parycis, environ quatre-vingts lieues à l'est du Guaporé; il ne reçoit guère qu'un tributaire remarquable, et va se perdre dans le Paraguay, par la latitude de 16° 24'. C'est vers ce confluent, à cinquante lieues au sud-est de Villa-Bella, que l'on a placé, en 1754, un superbe pilastre de marbre d'Europe, avec les armes d'Espagne et de Portugal, tournées vers les possessions respectives de ces deux couronnes. Sur ce monument, qui sans doute doit exciter l'étonnement des indigènes, on lit une inscription latine contenant en substance que, vers 1750, Jean V, roi de Portugal, et Ferdinand VI, roi des Espagnes, s'étant réunis par les saintes lois de la paix et de la justice, sont convenus d'adopter les limites indiquées par le monument.

On remarque, comme faisant partie de la Comarca de Mato-Grosso, l'arrayal diamantin ; il est situé à l'angle du confluent du rio Diamantino avec le rio d'Oiro, trois lieues au dessus de l'embouchure par laquelle il se jette dans le Paraguay. L'or et les diamans trouvés dans cet endroit ont engagé à y former un établissement depuis seulement quelques années. Ses habitans s'occupent en général du lavage des sables aurifères, de l'éducation du gros bétail et de l'agriculture. Ce pays, qui est considéré comme le plus peuplé de toute la province, est encore dominé dans la partie la plus septentrionale par différentes nations indigènes, telles que les Cabyxis et les Cantaros, qui ont donné leur nom à deux tributaires du Guaporé : les Abadas, les Lambys et les Urucunys vivent près de la chaîne des Parycis, avec un grand nombre d'autres nations. Les indigènes, qui ont anciennement donné leur nom à cette dernière montagne, se faisaient distinguer par la douceur de leurs mœurs et de leur caractère ; ils furent les premiers à faire alliance avec les Portugais : malheureusement on les a vus promptement s'anéantir ; ils étaient remarquables par la blancheur de leur peau : on croit qu'il existe quelques vieillards de la nation qui n'ont point voulu s'allier aux colons et gardent leur indépendance.

Après avoir fait connaître la Comarca la plus importante de la province, celle qui se trouve à peu près peuplée, nous allons examiner rapidement les autres, et nous commencerons par le district de Guyaba, qui était considéré en quelque sorte comme une capitainerie, et qui se trouve situé à peu près au milieu de tous les autres ; il peut avoir cent lieues du nord au sud, et un peu moins de soixante-dix dans sa plus grande largeur de l'est à l'ouest ; il est borné au nord par la Comarca d'Arinos ; au levant, par celle de Mato-Grosso ; au couchant, par la Bororonia, dont il est séparé par le rio San-Lourenço, où il se termine par un angle formé par le confluent de cette rivière avec le rio Paraguay ; il prend son nom du fleuve Guyaba qui le traverse du nord au sud ; c'est dans cette riche contrée que le naturaliste doit aller chercher de nouveaux sujets d'observation ; c'est là où il trouvera la nature dans toute sa pompe primitive; s'il pénètre dans ces forêts superbes, qui jamais n'ont retenti du bruit de la cognée, il ne peut refuser un tribut d'admiration à tout ce qui l'entoure. Là, c'est un arbre colossal que le tems a déraciné (*voyez la gravure en regard*) : son tronc superbe était environné de lianes ; elles couvrent de fleurs les arbustes qui l'environnent ; plus loin, c'est le véritable quinquina, offrant au voyageur malade la prompte guérison de la fièvre qui le dévore : le jabuticabeira, l'ambuzeiro, étalent à ses côtés leurs fruits rafraîchissans.

Si l'on traverse les plaines, le spectacle est aussi imposant ; des fleuves considérables coulent de tous côtés ; ils prennent naissance au mi-

Forêt Vierge de la Capitainerie de Matto-Grosso.

lieu d'une foule de collines et de montagnes couvertes d'une végétation brillante. C'est dans le mont Pary, formant une portion de la chaîne des Parycis, que se trouvent les sources du rio Paraguay, qui va se jeter dans l'Océan sous le nom de rio de la Plata; il commence dans un endroit où sept lacs, réunis par des canaux naturels, donnent leur nom au pays : son premier tributaire est le rio Diamantin, qui se joint à lui, grossi des eaux du rio d'Oiro; la côte orientale est bordée pendant quelque tems de montagnes ; une autre chaîne court ensuite le long du rivage opposé, et laisse trois grands lacs se décharger de leurs eaux par différentes embouchures. Son cours est divisé en deux canaux par une grande île; il reçoit le Mondego, passe entre deux montagnes parallèles où se trouve situé le fort de Coimbra, se grossit des eaux de Bahia-Negra, du rio Queyma, se divise encore, et forme à Fecho-dos-Morros les limites du haut et du bas Paraguay. Ses rives commencent à partir de là à s'affermir, mais, cent lieues plus loin, on est entré dans des marécages immenses qui offrent le spectacle le plus imposant vers le tems des crues, qui commencent en octobre et finissent en septembre : à cette époque, la largeur du fleuve peut être évaluée, pendant l'espace que nous avons désigné, à trente ou quarante lieues ; c'est une mer véritable. Les anciens Paulistes lui donnaient dans cet endroit le nom de lac *Xaraïs*, à cause d'une nation qui existait alors, et qui, comme tant d'autres, s'est éteinte. Cette méditerranée périodique est formée pendant le tems du débordement par les eaux du Lourenço, du Tacoary, du Mondego, d'une foule de rivières du côté oriental, réunies à celles des lacs dont nous avons parlé. Les sommets des collines deviennent alors des îles délicieuses, couvertes d'oiseaux et d'animaux sauvages qui viennent chercher un asile contre ce nouveau déluge.

A partir de Fecho-dos-Morros, les rives commencent, ainsi que nous l'avons dit, à changer d'aspect; nous ne nommerons point les nombreux tributaires qui viennent se perdre par la côte orientale; mais nous dirons que c'est par les 25° 2' de latitude que se trouve située la ville de l'Assomption, et que, dix huit milles au sud, on voit arriver une branche du Pilcomayo, qui prend naissance dans les Andes et a deux cents lieues de cours. Les autres bras se montrent à des distances de douze et seize lieues de la première ; c'est dans cet endroit que les Espagnols commencent à donner au fleuve le nom de rio de la Plata, et bientôt après il se grossit du Paranna, qui a une largeur presque aussi considérable que la sienne. A environ quatre-vingts lieues de là, on trouve la ville de Santa-Fé par la latitude de 31° 35′, à l'angle méridional du bras le plus septentrional du Salado, connu sous le nom de *Xalupoiy*.

C'est après avoir recueilli un grand

nombre de rivières peu importantes, changé sa direction du sud sud-ouest pour aller à l'est sud-est l'espace de quarante lieues, que le rio de la Plata recueille, par la latitude de 24°, le rio Uruguay son dernier tributaire considérable qui va s'y jeter par la rive gauche.

A partir des îles Parannas, qui interrompent son cours vers le confluent de ce nom, la rive gauche se dirige à l'est jusqu'au cap Sainte-Marie, et la droite au sud-est, pendant plus de trente lieues, jusqu'à la pointe des Carretas, où, rival de l'Amazone, il se mêle à l'Océan, et peut avoir quinze lieues de largeur.

Le rio Guyaba, qui donne son nom à la Comarca, prend ses sources vers la même latitude que le Paraguay : après avoir reçu de nombreux torrens formant diverses cascades, son lit s'étend singulièrement, et il court avec rapidité dans des plaines entièrement inondées lors des crues. On le voit s'unir au San-Lourenço, par la latitude de 17° ⅓, et l'on préfère ordinairement quitter son canal, pour naviguer dans les endroits couverts d'eau par les crues, où le courant n'est point aussi rapide : l'on parcourt en pirogues de vastes champs de riz qui se reproduisent annuellement sans le secours des hommes. Ils ne paraissent point souffrir de leur séjour sous les eaux, d'autant mieux qu'ils poussent en proportion des crues, et élèvent leurs gerbes verdoyantes cinq ou six palmes au dessus du niveau du fleuve ;

on ne parvient à faire la récolte de ces rizières naturelles, qu'en y pénétrant avec des canots dans lesquels on secoue les épis, qui souvent rendent une quantité de grains vraiment extraordinaire. Deux espèces de poissons se font également craindre dans ces parages; le *piranha*, surnommé le ciseau, a des dents terribles; l'*aragaya* est redouté à cause de la pointe solide dont sa queue se trouve armée : on ne dit pas que leur chair soit agréable au goût.

Le bourg de Guyaba semble être le premier établissement régulier qui ait été formé dans la province par les Portugais; ce fut là où un certain *Miguel Sutil,* cultivateur, accompagné d'un Européen appelé Jean-Francisco Barbado, arriva lorsqu'il était guidé par deux indigènes carijos. L'un trouva, comme nous l'avons dit, seize livres d'or, et l'autre quatre cents octaves. L'on a calculé qu'on leva de cet endroit, dans l'espace d'un mois, plus de douze mille huit cents livres pesant de paillettes, sans que les excavations faites pour cela excédassent quatre brasses de profondeur. Ce fut à la même époque que l'on crut devoir envoyer de Saint-Paul un gouverneur qui commença à faire payer exactement les droits royaux de ces mines, et même l'arriéré. Cet homme, nommé Lourenço Leme, ayant commis, ainsi que son frère, des crimes atroces, fut envoyé à Bahia où il périt sur l'échafaud. Dès que l'on n'eut plus à craindre ses exactions, l'on trouva encore des sommes tellement considérables, que tout le monde voulut s'embarquer pour Guyaba. Nous ne citerons pas les différens événemens qui arrivèrent pendant de semblables voyages ; nous nous contenterons de dire que l'exemple des dangers que l'on y courait fut presque entièrement perdu, et que l'amour des richesses ne se ralentit pas un seul moment. Les Payagoas qui attaquaient les différens convois n'étaient certainement pas attirés par le même motif; mais ils commençaient à sentir tout le prix de nos différents objets venant d'Europe.

Villa-Real-de-Guyaba est considéré seulement comme la capitale du district; c'est un gros bourg situé près d'une rivière, à un mille environ de la rive orientale de celle qui lui donne son nom ; on remarque que les maisons et les édifices sont bâtis, comme à Saint-Paul, avec cette espèce de brique appelée *taïpa*. Les habitations des simples particuliers n'ont qu'un étage ; les rues principales sont en général bien pavées. Un prélat qui a le titre d'évêque *in partibus*, y fait sa résidence ordinaire. On y trouve des professeurs payés par le gouvernement, qui doivent enseigner les belles-lettres et la philosophie.

La vie est en général assez bon marché à cause de l'abondance du bétail, du gibier, du poisson et des fruits. Les orangers sont tellement multipliés et prospèrent d'une manière si extraordinaire, que l'on mange des oranges toute l'année ; les melons d'eau, les melons ordinaires, les ananas, sont généralement cultivés. On s'occupe de la culture du manioc, du maïs, des haricots et du coton ; les cannes à sucre que l'on récolte sont destinées à faire de l'eau-de-vie; et il paraîtrait qu'elles étaient originaires de la province, puisque, en 1730, le brigadier Antonio de Almeida en envoya chercher dans les canots de guerre un assez grand nombre qui avaient été remarquées sur les bords du San-Lourenço par quelques Certanistas. Il commença à en former une plantation, et tant de personnes suivirent son exemple, que l'année suivante on parvint à se procurer une assez grande quantité de tafia ; l'usage de cette liqueur eut les plus heureux effets sur la santé des nouveaux colons, qui avait été altérée par les fièvres. On a fait dans le voisinage de Villa-Real-de-Guyaba, des essais tendant à prouver que le sol est propre à la culture du froment, ainsi qu'à celle de plusieurs autres céréales.

On pense généralement que la première flottille qui sortit de ce bourg en 1730, escortait un trésor de plus de vingt-deux mille livres d'or que l'on envoyait à Saint-Paul; elle fut attaquée par les Payagoas vers des parages appelés Pantanaës; ces sauvages étaient réunis au nombre de huit cents hommes, montés sur quatre-vingts canots; le combat fut terrible et l'on prétend qu'il n'échappa que dix-sept Portugais, mais il périt environ la moitié des indigènes; les autres firent un grand nombre de prisonniers, s'emparèrent de l'or qu'ils échangèrent ensuite à la ville d'Assumpçaon sur le Paraguay, pour des choses d'une si faible valeur, qu'une femme, appelée Quiteria de Banhos, en obtint six livres pour un plat d'étain. On peut juger par là de ce que pouvaient valoir les autres objets. En 1731, il sortit des deux Comarcas dont nous venons de parler, vingt-cinq mille six cents livres d'or qui arrivèrent à bon port à Saint-Paul.

Jusqu'alors les colons s'étaient bornés à faire le commerce avec cette capitale du sud, en s'y rendant par le Tacoary et le Paraguay, ou par le Guyaba et le San-Lourenço qui se jette dans le Paraguay ; mais, en 1742, un certain Manuel de Lima descendit dans un canot avec cinq indigènes, trois mulâtres et un noir jusqu'à la ville de Para, en passant par le Guaporé, la Madeira et le Maranham. Pendant que celui-ci naviguait sur la Madeira, un autre Portugais remontait jusqu'à la mission da Exaltaçaon. On peut se rendre maintenant, à ce qu'il paraît, dans le Para par le Tapajoz, le Juruenna, l'Arios et le Maranham; mais si cette route est de deux cents lieues moins longue, il y a quelques passages par terre fort difficiles; on prétend que les sables du Tapajoz sont aurifères.

Cette vaste contrée de Mato-Grosso est trop voisine des possessions espagnoles pour que l'on n'y ait pas ressenti quelques secousses de tremblemens de terre. En 1744, le 24 de septembre, vers midi, les habitans de Guyaba entendirent un bruit souterrain, qui fut immédiatement suivi d'un tremblement de terre, pendant lequel on éprouva plusieurs secousses à intervalles égaux (1) : les forêts brûlèrent en plusieurs endroits ; l'atmosphère était obscurcie par des nuées de fumée : pour comble de malheur, il régnait à cette époque une sécheresse qui dura jusqu'en 1749 ; elle produisit une horrible famine qui se joignit encore à d'autres calamités, et fit périr un grand

---

(1) On ressentit aussi les violentes secousses du tremblement de terre qui renversa Lima ; mais elles ne causèrent aucun dommage.

nombre d'individus. Ce ne fut guère qu'au bout de deux ans que les pluies commencèrent à faire renaître la verdure ; il arriva à cette époque à Guyaba une flottille qui portait le premier gouverneur de la province, Don Antonio Rolin de Moura ; il était accompagné de deux jésuites et d'une compagnie de dragons, et il passa vers la fin de la même année dans les mines de la Comarca de Mato-Grosso, avec l'intention de faire fréquenter davantage la nouvelle route par eau conduisant au Para ; aussi depuis, les communications se sont-elles parfaitement établies entre les deux provinces.

La Boronia forme, avec les deux districts précédens, les trois Comarcas situées au milieu de cette vaste province ; elle est bornée au nord par la Tapiraquia, au couchant par le Guyaba, au sud par la Camapuania, et au levant par la province de Goyaz, dont le rio Araguaya la sépare.

Le fleuve le plus considérable qui l'arrose est le rio San-Lourenço, qui prend naissance par le 15° de latitude australe : son tributaire le plus considérable est le rio Guyaba ; il reçoit ensuite le rio Claro, à quatre lieues de là, et se perd dans le Paraguay.

Les Bororos, les Guatos, les Baccahyris, sont les principaux habitans de cette Comarca : les premiers, considérés comme les plus nombreux, se subdivisent en plusieurs tribus désignées sous différens noms. Les

Guatos dominent la partie méridionale, et sont alliés des Portugais ; ils savent percer le poisson de leurs flèches, et possèdent un grand nombre de canots avec lesquels ils remontent jusqu'aux habitations des nouveaux colons. L'arc, la flèche et une espèce de lance, sont leurs armes principales ; une large ceinture, tissue avec les fils du palmier *ticum*, forme le vêtement commun aux deux sexes. Les femmes y attachent cependant une espèce de tablier qui leur descend jusqu'à la moitié des cuisses ; elles se couchent ordinairement, ainsi que les hommes, sur des peaux de jaguar. C'est une nation très-indolente, dont la nourriture principale se compose de miel et de gibier, et qui ne donne aucun soin à l'agriculture. Les Baccahyris, qui occupent les rives du rio das Mortes, passent pour être une tribu de Parycis, à cause de la blancheur de leur peau et de la douceur de leur caractère.

On ne compte, à ce qu'il paraît, dans la Bororonia qu'un établissement portugais, connu sous le nom de l'aldée d'*Insua*, à sept lieues de l'Araguaya, sur la route de Guyaba : c'est là où est établi le lieu d'enregistrement.

Après avoir fait connaître, pour ainsi dire, le centre de la capitainerie, nous allons jeter un coup d'œil sur l'immense Comarca du sud, et parcourir ensuite celles qui se rapprochent du pays des Amazones.

La Camapuania (1), qui prend son nom du rio Camapuan, ferait à elle seule un empire considérable, puisqu'elle a cent lieues carrées : au couchant, elle confine avec le fleuve Paraguay; au sud, avec le Chichuhi et l'Igurey, et au levant, avec le Paranna. C'est un pays généralement bas, qui n'a guère de forêts que dans le voisinage des fleuves, presque tout le reste du territoire étant couvert de bruyères;

---

(1) C'est à tort que nous avons dit que les trois grandes divisions de la province se subdivisaient en un nombre égal de Comarcas; il n'y en a que deux dans ces cas : la Camapuania forme une grande division partagée en partie orientale et en partie occidentale.

un grand nombre de fleuves l'arrosent dans tous les sens, et vont pour la plupart se jeter dans le Paraguay; le Tacoary, le Pardo, le Mondego, l'Igatimy, le Correntes, l'Ipanhè-Guassou, le Miamaya, l'Iveinheima, sont les principaux : l'esprit se perd au milieu de leurs nombreuses ramifications; et il faudrait une carte, comme il n'en existe pas une seule encore, pour faire connaître la manière dont quelques-uns communiquent entre eux, et facilitent ainsi les moyens de se rendre de Saint-Paul à Guyaba, ou dans d'autres établissemens portugais et espagnols.

Le Pardo est un des plus importans; il est formé par deux petites rivières appelées la Sanguexuga et le Vermelho; cette dernière, qui n'est qu'un ruisseau, vient du centre. Le rio Pardo est très-profond, mais on y rencontre à chaque instant des courans et des cascades qui rendent, dit la *Corografia*, sa navigation plus laborieuse que celle d'aucun des fleuves que parcourent les habitans de Guyaba. Nous dirons, pour donner en général une idée de la difficulté d'un semblable voyage, qu'ils emploient environ deux mois pour se rendre dans les endroits où il cesse d'être navigable, et qu'alors ils ont à peu près fait quatre-vingts lieues par eau. D'autres fleuves voisins offriraient sans doute aux voyageurs des facilités que celui-ci ne présentera peut-être jamais, mais il n'existe absolument aucun établissement sur leurs bords. Le cours du Pardo est tortueux; il se dirige au sud-ouest, en faisant quelques sinuosités au milieu de campagnes charmantes où, selon le rapport des voyageurs, l'on voit continuellement errer des tapirs, des cerfs blancs, des tamanoirs et des porcs sauvages, qui n'ont guère à redouter que la dent cruelle du guara et du jaguar. L'autruche fuit aussi devant le chasseur en agitant ses ailes massives; mais les perdrix, les codornizes, les queroqueros, une foule d'autres oiseaux, s'offrent de toutes parts au fusil meurtrier, qui retentit encore bien rarement dans ces immenses solitudes.

On trouve sur les rives du rio Preto deux espèces de palmiers inconnus, à ce qu'il paraît, dans le reste du Mato-Grosso; celle qui est désignée sous le nom de *brutiz*, s'élève à une hauteur considérable, et pousse des feuilles ayant environ sept pieds de longueur ; elle peut devenir d'une utilité remarquable, puisque les sauvages font avec son fruit, de même que les Certanistas, une espèce de vin qui a la plus grande analogie avec celui du raisin, tant par le goût que par la couleur ; l'autre espèce, nommée *guacuman*, n'a guère que sept pieds de hauteur, et fournit un excellent amadou.

A douze ou quinze milles au dessous de l'embouchure du rio Vermelho, on trouve le port de Sanguexuga, sur la rive gauche de la rivière de ce nom ; et il existe dans cet endroit un établissement qui consiste dans une simple ferme, où l'on trouve souvent avec des peines infinies quelques charrettes traînées par six ou sept bœufs, sur lesquelles on charge les marchandises qui sont transportées à travers un isthme de deux lieues et demi de largeur, jusqu'au petit port de Camapuan, sur la petite rivière de ce nom qui se jette dans le rio Cochim. On voit celui-ci courir avec violence entre deux espèces de murailles de rochers, où il est quelquefois réduit à cinq brasses de largeur ; il forme vingt cascades, et se perd dans le Tacoary, qui va porter le tribut de ses eaux au Paraguay par différens canaux entourant plusieurs îles, ordinairement submergées pendant les crues de l'un et de l'autre fleuve. Cette espèce d'archipel est désignée sous le nom de *Pantanaes*, et c'est là où plus d'une fois les Payagoas, réunis aux Guaycourous, ont attendu la flottille de Saint-Paul ou de Guyaba pour l'attaquer. Parmi les oiseaux rares que l'on rencontre dans ces parages, on distingue surtout *l'anhupocas*; il est de la grosseur de l'anheima, que nous avons décrit plus haut, mais il est plus beau que lui ; il a de même une corne sur la tête et des espèces d'éperons aux ailes ; son chant commence vers minuit, et ne cesse qu'au jour : on trouve aussi dans ces parages un nombre infini de canards ; la nature semble y avoir fait naître, pour leur nourriture exclusive, une quantité prodigieuse de riz sauvage dont le grain est excessivement gros. Il croît également sur les mêmes rivages une sorte de palmier dont le tronc peut être à peine embrassé par un homme, et qui fournit aux indigènes des cocos en si grande abondance, que les forces d'une seule personne sont insuffisantes pour porter tous ceux que donne une seule récolte.

On désigne ordinairement, du moins dans certaines cartes, la partie septentrionale de toute la Camapuania sous le nom de *Vaccaria*, à cause de la quantité considérable de gros bétail qui s'y dispersa lorsque les Paulistes forcèrent les habitans de Xerès à quitter cette ville et les aldées voisines, qui formaient une petite province dont elle était considérée comme la capitale. Le nombre des vaches et des taureaux, après avoir singulièrement diminué par les attaques des bêtes féroces, s'augmenta considérablement de ceux qui échappèrent aux Guaycourous, lorsqu'il pillèrent le bourg espagnol de Coruguaty. Ces animaux errent maintenant dans un état absolument sauvage, et l'on ignore encore quand des cultivateurs iront les remettre sous le joug de la domesticité ; car les établissemens, comme on le voit, ne sont pas nombreux dans cette immense Comarca, où l'on ne remarque pas une seule bourgade, et dont la plupart des terres fertiles sont habitées par les *cahans*, qui dominent les forêts arrosées par l'Igatimy, l'Escopil et le Miammaya. Ils s'y sont retirés à cause de la crainte que leur inspirent les Guaycourous, que l'on ne rencontre guère que dans les campagnes où leurs chevaux peuvent marcher facilement. Ces Cahans, dont le nom veut dire, à ce qu'il paraît, gens des bois, se rasent les cheveux en couronne, se percent la lèvre inférieure pour y introduire un morceau de résine ou de gomme transparente comme du cristal, et ayant la forme d'un petit cylindre fixé à l'extrémité inférieure au moyen d'une cheville. Leur corps est ordinairement peint en rouge avec la teinture d'urucu; ils fabriquent leurs arcs et leurs flèches avec des instrumens tranchans de pierre et des dents de porc affilées; le vêtement de toute la nation consiste en une espèce de robe traînante, ayant à peu près la forme d'un sac, faite d'une seule pièce de coton fort large et doublée ; ils laissent une grande ouverture à l'extrémité pour passer la tête et deux autres sur les côtés pour les bras : cette robe forme deux espèces de tabliers qu'ils relèvent quand bon leur semble, et attachent autour de leurs reins au moyen d'un cordon. Ce sont les femmes qui sont chargées de fabriquer ce vêtement extraordinaire. Ces sauvages se réunissent en aldées plus ou moins considérables ; ils cultivent, entre autres sortes de végétaux utiles, une excellente espèce d'arachis ou pistache terrestre, et possèdent plusieurs plantations de cotonniers dont les femmes récoltent le produit, et qu'elles savent tisser d'une manière particulière.

Tous les matins, ils adressent des

hymnes à l'Etre suprême en faisant les gestes les plus extravagans ; l'un d'eux courbe son corps et fait tourner pendant un assez long espace de tems ses mains fermées autour l'une de l'autre ; comme chez plusieurs autres nations sauvages, leurs prêtres font en même tems l'office de devins et de médecins. Plusieurs se rappellent encore les usages des anciens jésuites missionnaires qui vinrent dans le pays, et ils portent, comme eux, un bourdon en forme de croix. Si, comme on le croit assez généralement, ces indigènes sont les mêmes que les Guaycourous appellent Cayabavas, ils formaient, il n'y a pas encore trente ans, plus de quinze villages.

Cette contrée n'est connue des

Européens que depuis un bien petit nombre d'années, et le voyageur peut déjà y contempler des ruines. Xerès s'élevait près des sources de l'Aranahy ; ses édifices ne sont plus que des décombres.

Nous allons maintenant parler des trois Comarcas qui se trouvent après la Bororonia, et font plus particulièrement partie du vaste pays appelé autrefois l'Amazonie. Le Juruenna est borné au nord par la Mundrucania du Gram-Para, à l'occident par les rios Guaporè et Madeira, au sud par Mato-Grosso, et à l'orient par la rivière qui lui donne son nom. C'est un district qui a cent dix lieues du nord au sud, et beaucoup plus de l'est à l'ouest ; aussi est-il infiniment peu connu des Européens qui savent à peine le nom des nations qui le dominent.

Le Juruenna, le Jamary, le Giparanna et le Soterion, sont considérés comme ses fleuves principaux. Le premier prend ses sources un peu au dessus de celles du Jauru, se dirige au nord et s'unit ensuite à l'Arinos par deux embouchures; aussi peut-on facilement passer de là dans le Maranham; les deux suivans se perdent dans la Madeira, et facilitent également les communications avec le Para.

Parmi les arbres remarquables que l'on rencontre dans les grandes forêts qui bordent le rivage des rivières, on distingue surtout un palmier appelé *ubussu*, de la fleur duquel on tire une sorte d'enveloppe fibreuse et élastique, qu'on pourrait croire fabriquée à la trame, et dont les sauvages se font des bonnets. Il y a une foule de bois de construction magnifiques qui sont parfaitement inutiles en raison du manque absolu de population. L'arbre que l'on nomme *caragiri* donne une teinture du plus bel incarnat.

Il n'existe aucune ville dans ce district, mais par les 12° 1/3 de latitude australe, on trouve sur la rive droite du Guaporè le fort du prince de Beira, qui est revêtu en pierre de taille et défendu par quatre bastions ; on rencontre plusieurs aldées à quelque distance.

L'Arinos est un pays presque aussi vaste et aussi désert que celui dont nous venons de parler ; il prend son nom du fleuve qui le divise en deux parties assez inégales ; au nord il confine avec la Tapajonia, au couchant avec le district de Juruenna ; il est borné au midi par celui de Guyaba, ainsi que par la Tappiraquia au levant. Cette immense contrée est à peine connue ; on sait cependant qu'il y a de l'or et qu'elle est arrosée par un nombre considérable de rivières, d'après les détails fournis par ceux qui ont navigué sur l'Arinos et le Tapajoz, où elles vont toutes se perdre. L'on n'ignore point non plus qu'il existe quelques montagnes et des forêts magnifiques, où vivent les Buccurys, les farouches Appiacas, dont les cabanes sont fort élevées et construites avec des charpentes qu'ils façonnent au moyen de haches en pierre, de même que leurs canots. On espère que ces différentes nations, en apprenant à connaître les avantages offerts par les outils en fer, qu'ils ne pourront obtenir que du commerce des Portugais, faciliteront la navigation et concourront même à l'établir. L'Arinos a un cours d'autant plus précieux, qu'il commence près des sources du Paraguay, et se décharge dans l'Amazone sous le nom de Tapajos en mêlant ses eaux à celles du Jurnenna. On voit s'élever, près de son premier tributaire, un village qui est jusqu'à présent à peu près le seul établissement portugais.

La Tappiraquia n'est guère mieux explorée, à l'exception de la lisière orientale, le long de l'Araguaya ; sa longueur est encore de près de cent lieues, sur une largeur d'à peu près soixante-dix ; elle est bornée au nord par le Xingutania du Gram-Para, au couchant par le Xingu; au sud la Bororonia forme ses limites, et elle a à l'orient le rio Araguaya. De nombreuses nations sauvages vivent paisiblement dans ce pays, et ne paraissent avoir aucune relation avec les Portugais. Cependant le Xingu faciliterait les communications ainsi que l'Araguaya, puisque toutes les autres rivières sont leurs tributaires ; la fertilité du territoire et la facilité de transporter les produits sur le bord de la mer, devraient attirer les colons dans cette Comarca, ainsi que dans les deux autres ; mais elles semblent, par leur position géographique, devoir être encore pendant plusieurs siècles le domaine des sauvages, à moins que l'on ne découvre quelque mine abondante qui fasse accourir de toute part des hommes avides de richesses. Cette chose n'est certainement point impossible, puisque les premiers Certanistas qui explorèrent le pays trouvèrent plusieurs paillettes d'or dans l'estomac de quelques perdrix qu'ils avaient tuées.

Voila à peu près ce que nous avons pu recueillir de plus intéressant sur l'immense province de Mato-Grosso; nous avons été obligés d'entrer dans quelques détails topographiques assez arides, mais on nous le pardonnera sans doute en considérant leur importance, puisqu'ils indiquent souvent la facilité des communications avec les deux plus grands fleuves de l'Amérique-Méridionale, et, par cela même, la possibilité de voir le pays se cultiver, surtout en employant aux travaux de l'agriculture les nations indigènes qui dominent les rivages de leurs tributaires. Ces hommes, dont quelques-uns semblent se rapprocher de la nature des Européens par la couleur de la peau (1), sont susceptibles, comme on l'a vu, de se rassembler en villages, et de vivre sous le joug de la civilisation ; mais il faut adopter à leur égard un sys-

---

(1) Tels que les Parycis.

tème avoué par la plus saine morale ;
il faut qu'ils soient heureux et libres
en se rendant utiles au reste de la
société : on ne peut cependant attendre cela que du tems et d'une
grande activité dans l'administration.

FIN DU TOME TROISIÈME.

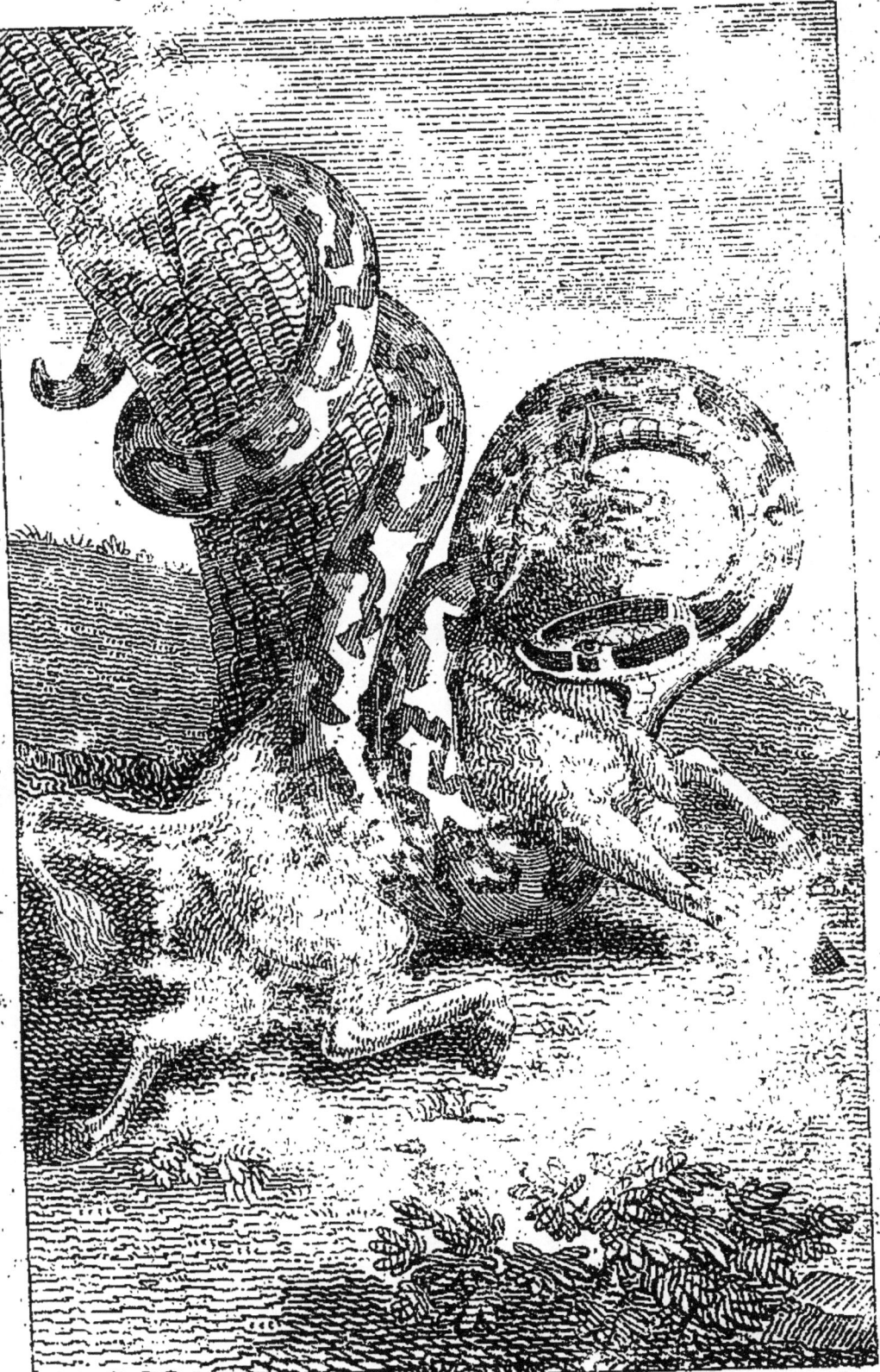

www.ingramcontent.com/pod-product-compliance
Lightning Source LLC
Chambersburg PA
CBHW051913160426
43198CB00012B/1869